時代を拓いた教師たち

戦後教育実践からのメッセージ――

田中耕治 編著

日本標準

はじめに

　二〇〇五年、日本は「戦後」六〇年を迎えた。ここで「戦後」にあえて括弧を付したのは、その「戦後」という意味を深く共有したいと考えたからである。振り返って、近代日本が誕生してから第二次世界大戦にいたるまでは、日本は一〇年を置かずに戦争にかかわってきた。その時代には、「戦後」はいつの間にか「戦前」となっていた。第二次世界大戦の敗戦によって、私たち日本人は「憲法」と「教育基本法」によって「不戦の決意」を固めた。それから、六〇年間、「戦後」は曲がりなりにも続いてきた。しかしながら、近年、直接に戦争を体験した世代の声が小さくなるにつれ、大きく時代の空気が変わろうとしている。それこそ、現代を「戦前」ではないと言い切ることができるだろうか。

　そのような時代の空気のなかで、私たちは、あらためて戦後日本の教師たちがどのようなあゆみをたどってきたのかを確認してみたいと考えた。本書では、戦後日本を代表する一五の教育実践を取り上げている。第一章では、戦後直後、戦前・戦中の教育に対する深い反省にもとづきつつ、廃墟と化した日本を立て直す教育を追究した教師たち、さらには教師と子どもたちがともに教材に取り組む場としての授業の固有性に着眼しはじめた先駆者たちを取り上げた。第二章では、高度経済成長の日本社会において、差別や選別の教育に抗して、確かな学力や自治の力をすべての子どもたちに保障しようと格闘した教師たちに注目した。第三章では、一九八〇年代以降、学校の病理が問題となるなかで、「授業づくり」と「生きる力」の育成を追究した教師たちや学校に焦点をあわせた。これらの教師たちや学校は、時代を画するすぐれた実践を生み出しただけでなく、教育方法学における実践の理論化にも大きく貢献した存在である。

さて、本書の執筆にあたり、私たちが共通して留意したことが三つある。まず、それぞれの教師たちが行った指導の特長をわかりやすくまとめようとしたことである。その特長がとりわけよく表れている実践場面を直接に引用し、解説を加えることによって、教師を志望している学生や、教育実践の世界に飛び込んだばかりの先生にも、実践のポイントをよく理解してもらえるように心がけた。興味ある教育実践から読み進めてほしい。きっと明日への実践のヒントが得られることだろう。

一方で、彼らの指導の巧みさは、およそ手の届かない名人芸のようにさえみえるものである。教壇に立つ身ともなれば、自らの実践の拙さと〝名人たち〟の技の巧みさとの違いに打ちのめされるかもしれない。しかし、そのような〝名人たち〟でさえ、それぞれに悩みを抱え、時には挫折を経験し、それを乗り越えることによって、自らを磨き上げてきたのである。本書では、そのような試行錯誤の足跡も丁寧に紹介しようとした。そこから読者は、自らの抱える困難に心新たに立ち向かう勇気を得られることを期待したい。

さらに、各節の末にはそれぞれのテーマに即して丁寧な「ブックガイド」を置いた。そこでは関連領域に関する入門書だけでなく、そのテーマを研究するうえで必読の研究書や、本書で扱った教師たちと論争を行った理論家・実践家の文献についても、バランスよく紹介している。本書で興味をもたれたテーマについてより深く追究してみたいという読者には、「ブックガイド」で紹介している文献が良い糸口となるだろう。

こうして一五の実践をおおよその時代順に並べてみると、それぞれの実践が生み出されるにいたる時代の状況や課題が明らかになってくる。序章では、そのような時代背景も含めて、戦後日本の教育実践の大きな流れを整理している。また、巻末の年表も、時代の流れを理解するのに役立つことだろう。

そもそも教育は、明日の社会を築こうとする人々を育成する営みである。どのような明日の社会を構想するのか、そこで「私」や子どもたちはどう生きていこうとしているのか――教育に携わる人間は、いやがおうでもそれらの問いと向き合わざるをえない。本書で取り上げた教育実践には、この問いに真摯に向き合った教師たちの群像が映し出されている。読者は、時にはそのあゆみに共感し、また時には立ち止まりつつ、自問自答を繰り返すことだろう。また、読書会などを通じて、仲間たちとの話し合いが繰り広げられることを期待したい。そして、この自問自答と話し合いを通じて、「戦後」を守り、明日の日本がめざすべき教育のあり方が少しでも明らかになれば、本書にとって大きな喜びである。

なお、本書を執筆した一五名は、京都大学大学院教育学研究科教育方法学講座（教育方法研究室）でともに学び、論じあった研究同人である。本書の執筆にあたっては、何度か編集会議をもち、互いに原稿を練り合った。にもかかわらず、本書で取り上げた実践家たちに立ち向かうことは若手研究者にはかなりの挑戦であり、力不足の点もみられるかもしれない。読者のご批正をお願いする次第である。

最後に、本書の刊行にあたっては、企画の段階から編集・刊行に至るまで日本標準の佐藤晃氏と郷田栄樹氏に多大なご支援をいただいた。ここに記して深謝したい。

二〇〇五年七月

田中耕治

目次

第1章　新生日本を切り拓く　35

第3章 授業づくりと「生きる力」の育成をめざして

序章

戦後における教育実践のあゆみ

「青空教室」で学ぶ子どもたち（共同通信社提供）

「教育実践」ということばは、ある意図を込めて第二次世界大戦前に使用されはじめたといわれている。教育現場は時々の為政者の方針に無批判に追従したり、研究者が紹介する教育理論をただ適用するところではない。まさに教育を実際に行う教師こそが、教育と研究を行う主体でなければならない。「教育実践」ということばには、このようなメッセージが込められていた。そのために、「教育実践」を対象とする「実践記録」には、いかなる時代状況に向き合って、目の前の子どもたちをいかに教育していったのかが目的意識的に記述され、まさに研究創造の重要な営みとして蓄積されていくことになった。この「教育実践」と「実践記録」という戦前にめばえた双葉は、第二次世界大戦後に自由と民主主義を求める教師たちによって、時には嵐に遭遇しつつも、大きく成長をとげることになる。ここでは、本書でとりあげることになる戦後の「教育実践」を読み解くための参考として、戦後の「教育実践」のあゆみを紹介してみよう。

1　新生日本を切り拓く

軍国主義の反省

「先生、軍人すかんの?」「うん、漁師や米屋のほうがすき。」「へえーん。どうして?」

「死ぬの、おしいもん。」「よわむしじゃなあ。」「そう、よわむし。」

この教師と子どもたちとの会話は、壺井栄『二十四の瞳』（一九五二年）からの一節である。一九三三年に国際連盟を脱退した日本は、坂道を転がるように泥沼の戦争に突入していく。このような時代に、卒業させる六年生の男の子たちとの話し合いのなかで、大石先生は「時局」に対して精一杯の「抵抗」を試みている。しかし、この「会話」さえ危険思想とされるほどに時代は切迫していた。「国定教科書を通してしか結びつくことをゆるされないそらぞらしい教師と生徒の関係」に絶望して、やがて大石先生は教壇を去っていく。この大石先生の姿には、戦前「教育実践」の母胎ともなる生活綴方の教師像が投影されている。

壺井栄が『二十四の瞳』を発表した同じ年、まだ多くの教師たちが「戦前」と「戦後」の間を彷徨していたときに、高知県の中学校教師竹本源治が発表した「戦死せる教え児よ」という詩は、教え子を戦争で失った日本中の「大石先生」たちの無念を代表するものとして、反響を呼んだ。その詩は、「逝いて還らぬ教え児よ」という、悲痛な呼びかけから始まる。そして、「人の子の師の名において」、教え児を戦場においやった責任の重さに震えつつ、「『お互にだまされていた』の言訳が／なんでできよう」と自らを問いつめている。そして、「今ぞ私は／汚濁の手をすすぎ／涙をはらつて君の墓標に誓う」「『繰り返さぬぞ絶対に！』」と結ばれている。この戦争への強烈な反省と平和日本への希求こそ、第二次世界大戦後の「教育実践」を生み出す出発点となった。

「日本の新学期」――戦後初期の教育改革

一九四五年八月一五日、ポツダム宣言を受諾したことを国内外に言明した「玉音放送」、同年九月二日に行われた東京湾上の戦艦ミズーリ号上での「降伏文書」への調印をもって、日本は文字通り終戦を迎えることになった。その戦死者数は膨大で、太平洋戦争期（一九四一年―一九四五年）に限っても、軍人・軍属約二三〇万人、外地で死亡した民間人約三〇万人、内地の戦災死亡者約五〇万人、合計約三一〇万人であった。アジア諸国に与えた甚大な被害とともに、その犠牲の大きさにあらためて戦慄を覚える。

敗戦国日本を占領統治したＧＨＱ（連合国軍最高司令部、実質的にはアメリカの一国占領）は、矢継ぎ早に戦後改革を打ち出していく。とりわけ教育分野では軍国主義、超国家主義的な戦前の教育体制を打ち砕き、民主主義を基調とする教育制度の樹立を促すことになった。「教育に関する四大総司令部指令（一九四五年）」や第一次米国教育使節団報告書（一九四六年）は、その代表的な改革文書である。その際、このような改革方針に対して根強く抵抗した守旧派がいたと同時に、それを主体的に受けとめ日本独自の改革を模索した人々（たとえば、第一次米国教育使節団に具申した「日本側教育家委員会」など）が存在したということも、しっかりと心に留めおいてよいだろう。戦後改革は、単なるアメリカの「押しつけ」ではなかった。

　そして、「教育を受ける権利」（第二十六条）を明記した「日本国憲法」（一九四六年）と、「不当な支配に服することなく」（第十条）、教育の自律性を宣言した「教育基本法」の制定（一九四七年）によって、新生日本の教育方針は確立した。この教育方針を具現化した戦後最初の「学習指導要領」（一九四七年）は、みずからの性格を「試案」としたうえで、「教育実践」をはげます表現を随所に示していた。「これまでとかく上の方からきめて与えられたことを、どこまでも、そのとおりに実行するといった画一的な傾きのあったのが、こんどはむしろ下の方からみんなの力で、いろいろと、作りあげて行くようになって来た」。「直接に児童に接してその育成の任に当たる教師は、よくそれぞれの地域の社会の特性を見てとり、児童を知って、たえず教育の内容についても、方法についても工夫をこらして、これを適切なものにして、教育の目的を達するように努めなくてはなるまい」。したがって、「学習指導要領」は教育現場にとって「試案」＝「手びき」でなくてはならなかったのである。ここに「日本の新学期」がスタートした。

　しかしながら、このような高邁な理想を掲げ、戦前の教育のあり方をドラスチックに改革しようとする戦後教育改革であったが、そこにはおよそ三つほどの問題点が立ちはだかることになった。そのひとつは、日本の戦後改革を推進したアメリカの対日政策の変化である。中華人民共和国の成立（一九四九年）、朝鮮戦争の勃発（一九五〇年）という情勢のなかで来日した第二次米国教育使節団の報告書（一九五〇年）には、戦後の教育改革をアメリカの承認する「自由国家」の範囲内で認めることが強調されるようになる。戦後改革を民間の側から担おうとして、「民間文部省」とまで称されたコア・カリキュラム連盟（一九四八年発足、「コア連」と略称）の活動も、その行き過ぎが批判されるまでになる。戦後の教育改革を推進しようとする教師たちには、一九五〇年代に入るとその逆風（「逆コース」）を意識せざるをえなくなった。

さらには、敗戦後の疲弊と混乱、破壊された学校での「青空教室」、街にあふれる戦災孤児や浮浪児という厳しい「現実」と戦後教育改革の「理想」をいかに結びつけるのかという問題があった。たしかに、戦後の「理想」は「現実」に打ちのめされようとする教師たちを励ますものであった。しかし、「現実」に立脚して、「現実」を内側から改革する「理想」でないかぎり、それは画餅にすぎない。戦後初期の「教育実践」は、「教育と生活の結合」をめざして、この「理想」と「現実」を往還する教師たちの苦闘のなかから生み出されていくことになる。

そして、この「往還」のなかから、戦後教育改革の「理想」それ自体のもつ弱点も自覚されるようになった。先に示した戦後最初の学習指導要領、それを洗練した一九五一年の学習指導要領には、教育課程の編成主体や評価のあり方、それを担う教師の役割が明記されていて、今日の私たちが読んでも多くの示唆を得ることができる。しかし、全体として

「経験主義」の立場をとる学習指導要領には、敗戦日本の厳しい現実に立脚することに弱く、加えて教科教育固有の編成原理が明確でなかった。その牧歌性が「学力低下」の原因とされ、「基礎学力論争」「問題解決学習論争」を引き起こすことになる。この教科教育固有の課題を自覚し、「教育と科学の結合」をめざす「教育実践」は、一九六〇年代になって本格的に展開されることになる。

焼け跡から立ち上がる教師たち

敗戦後の東京では、弁当さえ持ってこられない子、弁当箱におかゆや雑炊をつめてくる子、学校を休んで買い出しにいく子といった、それこそ食べ物に飢えた子どもたちであふれていた。一九四六年四月に四谷第六国民学校に赴任した石橋勝治は、飢えて荒れている子どもたちを前にして、ボス退治や子ども新聞の発行を通じて、さらにはおかゆや雑炊、買い出し電車の生活作文を書かせることで、日本社会の民主化を進める子どもたちを育成しようとした。後にそれは「石橋社会科」と称されるようになる。その同じころ、滋賀県では戦災孤児や浮浪児、そして「精神薄弱児」をも、ともに教育の対象であると考える糸賀一雄たちによって、一九四七年に「近江学園」が創立されている。「この子らを世の光に」とは、社会の逆境と矛盾を一身に背負う子どもたちを前にしての「教育実践」にこそ、未来の教育のあり方が胚胎しているとの強い自負が込められている。

このような文字通りの焼け跡からの出発を遂げた戦後教育は、文部省による新しい学習指導要領の提案によって、いわゆる「新教育」を展開する。そこでは、子どもたちの主体的な活動や経験の重要性が語られ、その主旨を具体化するために「社会科」や「自由研究」が創設された。そして、このような動向に刺激を受けて、「コア連」が発足する。機関誌「カリキュラム」や研究大会を中心として、社会科や地域教育計画(「福沢プラン」「川口プラン」など)のあり方をめぐって、研究者と実践家がオープンに相互交流をはかりながら研究・実践を進めるというスタイルは、戦後の「教育実践」を生み出すにふさわしい原動力となった。その後、「コア連」の理論や実践が「牧歌的」であるとの内外の批判に直面して、自己改造をはかりながら、「コア連」のカリキュラム構造論の頂点とされる三層四領域論が提起され(一九五一年)、「カリキュラム」誌上では「水害と市政」(一九五三年一二月号)や「西陣織」(一九五四年二月号)などの実践記録が発表されている。これらは、現在の「総合的な学習」の源流である。なお「コア連」は、一九五三年に「日本生活教育連盟(日生連)」と改称する。

他方、戦後教育改革のもうひとつの重要な出来事は、中学校が義務化されたことであった。戦前の中学校は、少数の者にしか開かれていないエリート学校であった。それに対して、男女の別、社会階層の別、将来の職業の別を問わずに、新制中学校はすべての子どもたちを対象とする機関となった。しかしながら、この大衆化した中学校教育をいかなる教育内容と方法によって組織するのかについては、それこそ日本の教師たちにとっては未踏の領域であった。戦後「教育実践」の嚆矢《こうし》となった無着成恭の『山びこ学校』(一九五一年)は、この新制中学校における新設「社会科」の実践という二重の課題に挑戦することで、大きな関心を呼んだ。そこでは、戦前生活綴方の伝統を継承して、「教育と生活の結合」をめざす「生活勉強」がダイナミックに展開されている。この『山びこ学校』に影響を受けて、相川日出雄『新しい地歴教育』(一九五四年)、小西健二郎『学級革命』(一九五五年)、土田茂範『村の一年生』(一九五五年)、戸田唯巳『学級というなかま』(一九五六年)などのすぐれた実践記録が陸続と発刊された。また、戦前の高等女学校の教師であった大村はまは、敗戦に打ちのめされつつも、民主国家の建設にとっては「ことばの力」の育成こそが何よりも大切と考え、あえて新制中学校に転任して(一九四七年)、国語科における「単元学習」を追究する。以上の教師たちに共通することは、戦後教育改革に促され、厳しい状況におかれた日本の教育現実に即して実践を展開するなかで、いわゆる「新教育」の牧歌性を乗り越えていったことであろう。

ところで、一九五六年に発表された『経済白書』に「もはや戦後ではない」とする言葉が登場することに象徴されるように、この時期を前後して大胆な経済政策の転換が始まる。その特徴は、第一次産業の徹底した「合理化」によって生じる余剰労働力を産業界に吸収することによって、日本を高度な産業・工業立国として急速に再構築すること(=高度経済成長政策）であった。その結果、農家数でみた場合、一九五〇年を一〇〇として、一九七〇年の時点で農家数全体で八五となり、専業農家は二六と激減し、いわゆる過疎・過密問題が発生する。敗戦の責任に苦悩していた生活綴方教師である東井義雄は、このような状況に直面して、学歴社会に無批判に参入する「村を捨てる学力」ではなく、生きて働く『村を育てる学力』（一九五七年）を発表した。また、一九五〇年代から強まる教育への国家統制（「教育二法」一九五四年、「新教委法公布」一九五六年、勤務評定の実施など）のなかで、一九五二年に群馬県の島小学校に校長として赴任した斎藤喜博は、『未来につながる学力』（一九五八年）や『授業入門』（一九六〇年）を通じて、「政治闘争」に埋没するのではなく、教師の固有の役割としての「授業づくり」の重要性とその方法原理を説得力をもって提示した。この東井や斎藤の実践記録は、戦後日本が大転換していくなかで発表されたものであり、その問題意識の先駆性と具体的な教育方法の提示によって、今も多くの教師たちによって読み継がれている。

2　学力と自治の保障を求めて

高度経済成長と「学歴社会」の到来

一九六五年に刊行された梅根悟編『テストにおわれる子ら』（誠文堂新光社）には、当時の子どもたちの声が生々しく収録されている。「計算テスト、漢字テスト、文章テスト、／学力テスト、全校テスト、／テスト、テスト、／テストが追っかけて休むひまがない。／テストさん少し休ませてください。／ぼくはつかれた。」という、テスト漬けのなかであえぐ子どもの悲痛な声。他方、「ぼくジュクすきさ／せんせはやさしくて／それにテストのヤマおしえてくれるし／うんとほめてくれるもん／それにさ／ママがよろこぶもん」という、今日のダブル・スクール現象を想起させる、塾通いに走る子どもの心理を表現した詩も紹介されている。そして、このような状況のなかで、「学校の門が見えてくると、そこに小さなロープがはってあることがわかるんだ。ぼくにしかわからないロープがね」という、不登校に結びつく学校嫌いの子どもの声も収録されている。

一九五〇年代後半から本格化する「高度経済成長政策」は、衰退を余儀なくされた第一次産業に従事していた人々の間にも、「学歴や学力こそが豊かさを保証するもの」「子どもは少なく産んで大切に育てる」との意識を醸成することになった。この「近代家族」特有の意識の大衆化が、戦後教育改革によって遂行された、機会均等を保障する単線型学校体系の確立ともあいまって、世界的にみても未曾有の学歴社会、大衆教育社会を樹立させることになる。その結果、高校進学率は四二・五％（一九五〇年度）から八二・一％（一九七〇年度）へ、大学進学率は一〇・一％（一九五五年度）から二三・六％（一九七〇年度）

へと急激な伸びを示した。ちなみに、二〇〇四年度では、高校進学率は九七・五%であり、大学進学率は五〇・〇%（高等教育機関全体への進学率は七四・五%）である。

この急速な学歴社会の到来は、苛烈な学歴獲得競争をともなって、「受験地獄」「テスト勉強」に呻吟する子どもたちを生み出した。一九六〇年代に「教育実践」を創造する教師たちは、学力格差や序列競争を助長する教育政策に批判の目を向けつつ、あらためて学力と生きる力のあり方を問おうとした。

「教育の現代化」と広がる格差

一九五八年改訂の学習指導要領は、文部省自らが戦後初期の「新教育」からの転換を宣言する文書となった。まず学習指導要領から「試案」の文字が消えて、「告示」文書としての性格が明確にされ、教育現場への統制力を強めた。また、戦前の「修身、日本歴史、地理」に替わって戦後に新設された「社会科」に対して、道徳的な心情を養成するのに困難があるとの理由で、「道徳」の時間が特設された。これらの動向は、一九五〇年代から「逆コース」と称される、教育への国家統制の強まりを反映するものであった。

そして、この改訂において教育課程の原理が「経験主義」から「系統主義」に転換したことも、特筆すべきことである。それは、教育課程における「現代化」とも称された。その特徴は、飛躍的に進展する現代の科学技術（「知識爆発の時代」）に比して、学校で教えている教育内容は時代後れになっているという認識のもとに、現代科学の内容と方法でもって教育内容をドラスチックに再編成し、かつそのことは子どもたちにとっても学習可能であるという主張であった。学習指導要領も、このような動向を反映して、「系統学習」(一九五八年改訂)や「現代化」(一九六八年改訂)を打ち出していく。

この時期はまた、「高度経済成長政策」を推し進めるために経済界から教育政策への積極的な発言が続き、強い影響力をもつことになる。そのなかでも、一九六三年に発表された経済審議会答申「経済発展における人的能力開発の課題と対策」は、「能力主義」という用語を公式に登場させた最初の文書として注目された。「能力主義」は封建遺制を批判し、形骸化した属性原理を排除し、個人の有する「知的能力」以外の差別を認めないと主張するかぎり、「公正」を求める人々の心性をとらえた。しかしながら、「能力主義」は、このことにとどまらずに、「知的能力」は素質的に決定されており、国際競争下で創造的知性をもって自主技術を開発したり、産業組織の指導者として期待される、いわゆる「ハイタレント」は同一年齢層で三―五%しか存在しないと主張した。そのため、とりわけ学校の役割は、「知的能力」をさまざまなレベルでもつ子どもたちを早期に選別して、その「知的能力」レベルに適合する制度・内容・方法を設計し、運用することであるとみなされた。この「能力主義」は、とりわけ進学率が急上昇しつつあった高校教育に対して「多様化政策」として具体化され、学校別・学科別・コース別の教育課程編成が断行され、その格差を顕在化させていった。

一九六〇年代に「教育実践」を創造する教師たちは、「教育と科学の結合」にもとづく、文部省とは異なる「もうひとつの現代化」を推進しようとする。この教師たちは研究者と協力しながら、民間教育研究団体という世界的にみてもユニークな組織をつくりあげ、教育課程における自主編成運動を展開することになった。また、おもに教科外教育の分野では、戦前の「生活指導」の伝統を継承し、特設「道徳」を批判して、「自治能力」の形成を追究する一群の教師たちが現れてくる。さらに、一九七〇年代の前半になると、「落ちこぼれ」問題の社会問題化に直面して、また「落ちこぼれ」問題の集中点ともいえる高校「底辺校」のなかから、学力保障を実現する「教育実践」が立ち上がってくる。この時期、学力と自治を保障する豊かな「教育実践」が蓄積されていった。

学力と自治の保障に奮闘する教師たち

「系統主義」の立場から戦後初期の「新教育」に対して批判を行うなかで、民間教育研究団体が結成されることになる。その主なものは、『新しい歴史教育への道』(一九四九年)を著した高橋磌一たちによる歴史教育者協議会(歴教協、一九四九年設立)、『新しい数学教室』(一九五三年)を編集した遠山啓たちを中心とする数学教育協議会(数教協、一九五一年設立)、『新しい理科教室』(一九五六年)の編者である田中実や真船和夫たちを中心とする科学教育研究協議会（科教協、一九五四年設立）などであった。その主張は、教育課程の編成において「教育と科学の結合」をはかることであって、この方法原理は戦前はもちろん戦後初期の「新教育」においても軽視されていたと指摘した。

とりわけ遠山啓の率いる数教協は、「認識の微視的発展」としての児童心理学、「認識の巨視的発展」としての数学史、そして現代数学の三つの視点から「現代化」を推進することをいちはやく提唱し、「量の体系」と「水道方式」という具体的な指導体系を開発した。また、一九六三年には、科学史家の板倉聖宣と成城学園の教師であった庄司和晃や上廻昭などによって、「仮説実験授業」が提唱される。提案された「問題→予想→討論→実験」という授業サイクルには、科学的認識の成立にとって対象に対する主体的な働きかけ（問題と予想）こそが必須であるという考え方が込められていて、子ども不在の「系統主義」に陥る危険性への警告となった。他方、この時期に大西忠治たちによって、小西健二郎の『学級革命』に代表される生活綴方にもとづく「仲間づくり」論が批判され、「班・核・討議づくり」にもとづく「学級集団づくり」論が提唱される。これは、特設「道徳」の心情主義への批判を前提として、自治能力の形成を集団づくりという実践を通して行おうとしたもので、全国生活指導研究協議会（全生研、一九五九年設立）を主導する理論と実践となった。以上の民間教育研究団体の諸成果は、手弁当の会員たちによる地道な活動によって発展・普及し、現代日本の「教育実践」に多くの示唆を与えている。

一九七一年に発表された全国教育研究所連盟の調査報告によって、「授業についていけない子が半数以上いる」という教師たちの声が公表されると、いわゆる「落ちこぼれ問題」がマスコミを通じて社会問題化した。そこでは、すべての子どもたちに学力を保障することは現代の重要な人権事項であるとする民主主義的な要求を背景として、文部省が推進する「能力主義」的な教育政策や高度な教育内容を低学年で教える文部省版「現代化」（一九六八年改訂の学習指導要領）への批判が高まった。当時、神戸市立平野小学校で教鞭をとっていた岸本裕史は、一九六八年改訂学習指導要領に問題を感じ、「百マス計算」に代表される学力の定着（技能の習熟）を楽しく行える方法の開発と、学力形成を支える子どもたちの生活（見えない学力）の点検を同時に追究するようになる。また、一九六九年の「通信簿論争」を契機として「相対評価」の問題点が広く認識されるなかで、「教育実践」を支える教育評価としての「到達度評価」（この名称は一九七五年の京都府教育委員会による文書で初出）が主張されるようになる。今日の「目標に準拠した評価」（二〇〇一年度指導要録から使用）は、この「到達度評価」の成果から深く学ぶべきだろう。さらには、一九七九年に発刊された仲本正夫の『学力への挑戦』は、埼玉県のいわゆる「底辺校」の生徒たちに「微分・積分」を楽しく教えることができることを示して、高校における「教育実践」の可能性を拓くことになった。二一世紀になって学力問題が再び三度注目されている現在、民間教育研究団体の成果を反映し、学力保障に果断に取り組んだ以上の実践記録は、もう一度繙《ひもと》かれる価値のある貴重な財産である。

3　授業づくりと「生きる力」の育成をめざして

閉塞する社会と「教育問題」の顕在化

一九九七年に神戸児童殺傷事件の容疑者が中学生であることが発覚して、教育界に衝撃が走った。ここに、その発覚直後に行われた一四歳の少年少女へのインタビューとアンケート調査（一九〇〇人分）がある（『14歳・心の風景』NHK出版、一九九八年）。たとえば、「あなたが一番安心できる場所はどこですか」という質問には、「自分の家」が五〇・九％、次いで「自分の部屋」が四二・三％、「学校」は七・八％であった。そのインタビューには、校内暴力、いじめ、不登校に悩み、生きることの意味を必死で探す中学生の声が多く収録され、たとえばある生徒は「何が嫌なわけでもないけど、ムカツク。何でもないのに、時々泣きたくなる（たぶんストレス）。学校に行きたくないわけでもないが、来ると、来なければ良かったと思う。今の学歴社会では、日本の行き先は不安」と自由記述欄に記している。もはや学校は自分の居場所ではなく、「学びから逃走」して自分の家さらには自分の部屋のなかで鬱屈としている中学生像が浮かび上がってくる。

一九七〇年代の後半から日本の経済は「低成長時代」に突入し、一九九〇年代初頭には「バブル経済」の崩壊を経験した。それに歩調を合わせるように、校内暴力問題（一九八〇年に顕在化）、いじめ問題（一九八五年に顕在化）、不登校問題（一九九二年に顕在化）、さらには学力低下問題（一九九九年に顕在化）が起こっている。その教育的な背景には、国際的にも問題となった日本の子どもたちをめぐる「高度に競争的な教育制度によるストレス」（国連・子どもの権利委員会最終所見、一九九八年）があることは間違いない。しかも、その競争の質が格差を是正する「開かれた競争」から格差をさらに拡大する「閉じられた競争」に変化して、今や「希望格差社会」と称されるまでになった。

このような状況を打開するためには、子どもにとっても教師にとっても学校は楽しく安心して過ごせる居場所として再生され、そこでは生きる力を根源から支える「教育実践」が創造されなくてはならない。

模索する〝教育改革〟――「生きる力」と「確かな学力」

「落ちこぼれ問題」に対する批判に直面して、一九七〇年代後半から、「人間性」や「生きる力」を強調して、後に「ゆとり」政策と総称される教育課程改革が文部省（二〇〇一年から文部科学省）によって進められた。「ゆとりの時間」の設定を求めた一九七七年学習指導要領の改訂、「生活科」が新設された一九八九年学習指導要領の改訂、そして「総合的な学習の時間」を設定した一九九八年学習指導要領の改訂と続いた。しかしながら、一九九一年改訂の指導要録で提唱された「新しい学力」観は、「知識・理解」の軽視と、「関心・意欲・態度」を過度に強調したことによって、一九九九年に始まる「学力低下論争」のなかで批判の的となった。そこで、文部科学省は二〇〇三年に急遽《きゅうきょ》学習指導要領の「一部改正」を行って、「生きる力」とともに学力の基礎・基本と思考力・判断力・表現力を重視する「確かな学力」観を強調するに至っている。

他方、「もうひとつの現代化」を追究していた民間教育研究団体の内部からも、子ども不在に陥りがちな「系統主義」に対する自己点検が始まる。数教協は一九七三年に「楽しい授業の創造」をスローガンにして、ゲームを積極的に導入した数学教育（たとえば、トランプ遊びで正負の加減を教える、ブラックボックスで関数あてゲームを行うなど）を展開している。それは、「科学的な一貫カリキュラム」を追究するにしても、その妥当性は教師の主観ではなく子どもたちの学習活動の質によって判断されなくてはならないという反省にもとづいていた。この学習者としての子どもへの着目から、一九八〇年代後半になると、従来の研究運動のあり方への批判も含めて、授業づくりを焦点とした「教育実践」が旺盛に取り組まれることになる。また、子どもたちに「生きる力」を呼び戻し、学校再生の願いを込めて、生活教育や「総合学習」の取り組みが注目されるようになる。これから紹介する「教育実践」は、このような動向の先駆となったものである。

新たな教育実践に挑む教師たち

一九八〇年代の中ごろに、東京の小学校教師向山洋一は「跳び箱は誰でも跳ばせられる」というスローガンをもって登場し、「教育技術の法則化運動」を展開した。大学における教育研究の観念性や、民間教育研究団体における授業づくりの弱さとその「ワンウェイ」型の組織論の問題を指摘しつつ、とくに若い教師たちを結集して、かつて「技術主義」批判のもとに軽視されがちであった日常の実践に必要とされる細かな教育技術の追試、共有化をめざした。また、戦後初期社会科の立場に影響を受けていた筑波大学附属小学校の有田和正も、子どもたちが「追究の鬼」になる「ネタ」の開発・創造をめざして、若い教師たちを組織する。また、このような動向に刺激されて、一九八八年には民間教育研究団体における授業づくりを励ます「授業づくりネットワーク運動」も発足した。教科内容研究との関係を積極的に問わない授業研究のあり方に批判がなされたが、斎藤喜博以来の「授業づくり」という固有の世界の可能性を豊かに拓こうとした功績は大きい。

また、子どもたちの「生きる力」の衰弱は生と死のリアリティに対する欠如にあると知った金森俊朗は、一九八〇年代の終わりごろから妊婦やガン患者を教室に招いて、「いのちの授業」を展開する。そこには日生連による生活教育の伝統がしっかりと息づいている。

また、コア連の実験校でもあった和光小学校は、一九八五年から現代社会や人間にとっての基本課題を追究する「総合学習」を立ち上げ、「教科」「自治的・文化的活動」という三領域からなる教育課程の編成に踏みきった。ここで重要なことは、豊かな学力形成のために「総合学習」と「教科」を対立させるのではなく、「相互環流」させることが提起されていることである。今日、そのあり方が問われている「総合的な学習の時間」を創造するヒントが、ここにはたくさん含まれている。

以上、やや小走りながら、戦後の「教育実践」のあゆみをたどってきた。もちろん、ここで紹介した「教育実践」は限られたものであって、紙幅の関係から多くの「教育実践」を割愛せざるを得なかった。しかし、これから本書で取り上げることになる一五の「教育実践」は、この戦後教育実践小史からも明らかなように、それぞれの時代と社会状況に真正面から立ち向かい、それゆえに時代を画し、今日の私たちに示唆多きすぐれた成果を残すに至ったものである。また、それぞれの「教育実践」は互いに影響するとともに、先達の「教育実践」の蓄積の上に自らの「教育実践」を構築していることも理解できよう。

かつて、教師の「実践記録」のもつ意義を問われて、それは教師の生活記録であり、「教育実践」を中核にして、そこにぶつかる問題や矛盾やそれへの克服の営みを形象化したものであるとしたうえで、この形象化のなかに「教育実践」を一般化する「典型的事例」を仲間とともに、研究者も交えて確認していくことが重要であると勝田守一は応えている

（「実践記録をどう評価するか」『教育』一九五五年七月号）。この提起は、「実践記録」とは過去の記録であるばかりではなく、まさに「教育実践」を創造するための方法論であることを示している。「実践記録」から「典型的事例」を学ぶとともに、それに依拠し、それを支えとして自らの「実践記録」をつづることで、教師自らが教育と研究の主体となることが期待されている。一五の「教育実践」を紹介した本書が、そのための参考になれば幸いである。

【参考文献】


海老原治善『民主教育実践史』三省堂、一九六八年。

民間教育史料研究会編『民間教育史研究事典』評論社、一九七六年。

中内敏夫ほか『教育のあしおと』平凡社、一九七七年。

梅根悟・海老原治善・中野光『資料日本教育実践史』全五巻、三省堂、一九七九年。

碓井岑夫編『教育実践の創造に学ぶ―戦後教育実践記録史―』日本教育新聞社、一九八二年。

大槻健『戦後民間教育運動史』あゆみ出版、一九八二年。

小川利夫ほか編『戦後日本の教育理論』上・下巻、ミネルヴァ書房、一九八五年。

日本教育方法学会編『戦後教育方法研究を問い直す』明治図書、一九九五年。

日本教育方法学会編『現代教育方法事典』図書文化、二〇〇四年。

第1章

新生日本を切り拓く

東井義雄と子どもたち：相田小学校時代（東井義雄記念館提供）

1　無着成恭と生活綴方

――生活を探究する「山びこ学校」――

農村のなかで

第二次世界大戦直後、「ほんものの教育をしたい」と願った無着成恭《むちゃくせいきょう》。彼は当時、山形市から西へ一五キロほど行ったところにある山あいの山元《やまもと》村立山元中学校で、四三名の子どもたちと向き合っていた。そのなかで、生活の様子を文章につづらせる「生活綴方《せいかつつづりかた》」の実践を繰り広げる。それは、後に『山びこ学校』（青銅社、一九五一年）として刊行され、多くの人々の注目を集めることになった。以下は、実践の一場面。ある子どもの書いた綴方をもとに、農村に生きる百姓の生活をめぐって授業が展開していく。

ゆうべ、なわをなっていたら隣りのおっつぁ〔おとうさん〕があそびにきました。おらえ〔わたし〕のおっつぁんといろいろ話していきました。××でぁ息子さ教育したばんで《（ために）》百姓つぶ《（つぶ）》っでしまった《（れてしまった）》っだな、あれゃあと云っていました。○○さんを学校にいれたばっかりで、○○さんが百姓いやになり、田を小作人に全部貸して自分は月給とりになったため、農地解放で小作人から田を全部とられたんだそうです。私もおっつぁたちの話を聞いていて本当だなあと思いました。百姓はやっぱり田にはいって泥をかましていると《（かきまわしていると）》よいのです。

この作品を取扱うときは、もちろんこれだけでなく、子供の心理的な発達段階もまた家庭の環境もみなちがうことを承知の上で同じような問題を含んでいる作品を並べ、お互いの生きた生活感情にしみじみとふれ合いながら「百姓はやっぱり……というなっとくのしかたはこれでいいのだろうか。」とか「教育を受けるとなぜ百姓がいやになるのだろう。」とか「農地解放などなぜしたんだろう。」とか「百姓の生活は運命みたいなもので、こういう状態から変らないのだろうか。」などという疑問を育て、発展させていったのでした。

……「教育を受けるとなぜ百姓するのがいやになるのだろう。」という問題を例にとって見ます。［中略］

さて、この問題に対する子供たちの答は……「百姓は働く割合に儲《もう》からないから。」

とか［であり］……教室は喧々《けんけん》ごうごうとなったのでした。［中略］

そこで、「ほんとに百姓は割損なのか。」という新しい疑問が算数の問題に発展し、「俺たちは炭のほんとうのねだんを計算するから、お前たちは繭のねだんを計算して見ろ。」とか……「米と鍬でどちらが値上りしたべ。」とか「米と肥料ではどうか。」などという声がおこり、班が組織され、調査の期限が決定されるのでした。そしてその結果……「昭和十二年からくらべると、米は一二〇倍ぐらいしか値上りしていないのに鍬や鎌は一五〇倍ぐらい値上りしている。」などという報告になり、百姓は割損になっていることが実証されてくるのでした。

……しかし、そんな言葉のすぐそばから「損をしても働かなければならないなんて、そんな阿呆な話はあったもんでない。」とか「損をしても我慢して働かなければならないなんて、そんな馬鹿なことはない。百姓は損をしなくともよくなるように頑張るべきだ。」などという意見が現われてきました。そのとき私は「そうだ。そうだ。」とどなったのでした。実際どんなに少数でも、これらの意見は全くもって正しいのであり、農民の生活を高める働きをする社会科勉強の目標にもかなっていると私は考えるのでした。

（無着成恭「あとがき」無着成恭編『山びこ学校』岩波書店、一九九五年、三一四―三一六頁。本書は前掲青銅社版を復刊したもの。以下、引用は岩波書店版より）

この後、無着と子どもたちは、百姓の割損をもたらす要因を、福島要一『農学の学校』や松丸志摩三『日本農業物語』などを調べたりするなかで探っていく。その結果、百姓の割損は、単に耕地が狭いからではなく、人間関係のゆがみ（封建制）にも起因することを子どもたちはつきとめる。そして、割損を克服するためにも農民どうしがもっと力を合わせて共同すること、また農業生産に科学的な知見を取り入れ機械化していくことの重要性を自覚していく。

生活をつづる

先の引用部分で取り上げた綴方は、貧しい農村での農地解放に伴う問題を、百姓の家で育つ一人の中学生が自分の生活のなかで描きだそうとしたものである。

無着は、こうした綴方を、子どもたちの今ある具体的な生活をとらえる契機と見なしていた。綴方を書くことそのものが目的なのではなく、綴方を「出発点」に「綴方で勉強する」、すなわち「現実の生活について討議し、考え、行動までも押し進めるための綴方指導」を展開したのである（同右書、三一三頁）。たとえば、先の引用部分では、まず、子どもの書いた綴方をもとに「百姓はやっぱり……」というある種のあきらめを問題にし、百姓の生き方について学級全体で話し合うことを通して、「ほんとに百姓は割損なのか」という問いを育てていく。その後、割損の実態を班ごとに調べる活動をおこないながら、その要因をつきとめ、具体的な改善方法を学級全体で考えるに至っている。こうした実践に端的にあらわれているように、無着は、綴方をもとに子どもたちの「生活を高め」、「生活を勉強するための」教育を行っていったのである。

こうした実践のなか、後に文部大臣賞にかがやく江口江一の綴方「母の死とその後」も生まれる（同右書、二二―三八頁）。「僕の家は貧乏で、山元村の中でもいちばんぐらい貧乏です」という言葉で始まるこの綴方のなかで、江口は、父のいない家庭で必死に働いた母の様子を描きだしている。そして、貧乏のために生涯心の底から笑うことのなかったように思われる母が、病床で息をひきとる直前、村のみんなが柴背負いを手伝ってくれたことを知って「にこにこっ」と笑った様子について、「そのときの笑い顔は僕が一生忘れられないだろうと思っています」と述べている。

母の死に直面した江口は、貧乏を乗り越える糸口を見つけようと必死に家計を調べ、その結果も綴方に記している。そこからは、畑三反歩を耕すのみでは借金を返すあてもないことが見いだされる。だが、畑や田を買って耕作面積を増やせば貧乏はなくなるのか。日本の産業構造のなかでの農業の位置づけにも関係してくる問題に対し、容易に答えは見つからない。綴方の結末部分で江口は、「お母さんのように貧乏のために苦しんで生きていかなければならないのはなぜか、お母さんのように働いてもなぜゼニがたまらなかったのか、しんけんに勉強することを約束したいと思っています。私が田を買えば、売った人が、僕のお母さんのような不幸な目にあわなければならないのじゃないか、という考え方がまちがっているかどうかも勉強したいと思います」とつづっている。

『山びこ学校』のなかには、ほかにも、生活の現実を、計算を通して調べた綴方が数多くある。たとえば、佐藤藤三郎・小笠原誠・阿部ミハルほか四名が共同で行った調査報告「学校はどのくらい金がかかるものか」では、教科書代や紙代も親に遠慮しなければならない子どもが学級にいるという状況について、その経済的貧困の要因を探るため、一人あたりに必要な教育費が綿密に調べられている。そして、山元村の総予算に占める教育予算の割合を、他の自治体の場合と比較することで、山元村の貧しい教育状況が指摘されるに至っている（同右書、一六〇―一七二頁）。

このように『山びこ学校』には、農村に生きる子どもたちの具体的な生活が克明につづられている。そして、そこから浮き彫りになる過酷な労働や貧しさにかかわる個々の具体的な問題を、学級のみんなの前に出し、「『自己をふくむ集団』の問題として、一緒に考え、解決しようと努力している」様子も垣間見ることができる（鶴見和子「『山びこ学校』は歴史を創る」同右書、三五八頁）。

ほんものの社会科を求めて

『山びこ学校』は、どのような教育観にもとづいて展開されたのだろうか。一九二七

（昭和二）年、山形県本沢村の曹洞宗の禅寺、沢泉寺の長男として生まれた無着は、一九四五年四月に山形師範学校数学科に入学する。だが、学徒動員令により山形航空工場にかりだされ、終戦の日を羽黒山で迎える。これからの日本はいったいどうなるのかを問いはじめた無着は、数学科から新設の社会科へと移籍する。このころの無着は、貧しい農村での農地解放に伴う問題（地主対農民組合など）に関心をもち、故郷本沢村の青年学校で社会科学研究会も開いていた。そこで、山形新聞の編集委員・須藤克三に出会う。後述するように、この須藤を通して無着は生活綴方に触れることとなる。

一九四八年、二一歳になった無着は、師範学校卒業とともに山元中学校一年生四三名の担任教師となる。だが、はじめから生活綴方を実践していたわけではない。戦後初期「教育の民主化」の状況下で、無着は、「試案」（手引き）としての性格をもつ文部省『学習指導要領』（一九四七年）に触発され、「山形県の山元中学校の独自の教育プランを自由に作るべきだ」と考えていた（『無着成恭の昭和教育論』太郎次郎社、一九八九年、一〇六頁）。とりわけ、師範時代に社会科専攻であった無着は、「いわゆる学問の系統によらず、青少年の社会的経験を広め、また深め」ることを重視した『社会科学習指導要領』に感銘を受けるとともに、当時のコア・カリキュラム連盟の活動にも触れるなかで、社会科のような経験にもとづく問題解決学習こそが教育活動の中心であるべきだと感じていた。子どもたちが日常生活のなかで疑問に思っていること、困難に思っていることを取り上げ、それらの解決に向けて取り組むことを無着は重視するようになる。

だが、「身近な生活のなかから問題を見つける」ためにどうしたらよいのかについて、無着は困惑する。たとえば、当時の社会科教科書『日本のいなかの生活』では、「村には普通には小学校と中学校がある。この九年間は義務教育であるから、村で学校を建てて、村に住む子供たちをりっぱに教育するための施設がととのえられている」と記されているものの、それは山元中学校の現実とはまったく異なっていた。これをそのまま教えたらウソになる。かやぶきの暗い校舎で設備もままならない山あいの貧しい村の現実に、無着は直面していたのである。

今、目の前にいる四三名の子どもたちが抱えている現実の生活問題にどうしたら接近することができるのか。「ほんものの教育をしたい」と願った無着は、以前から農業問題を教えてもらっていた須藤克三に相談をもちかける。そして、生活綴方の存在を知る。担任一年目の二学期を過ぎるころのことである。須藤は、『社会科学習指導要領』の理念（社会的経験の発展）を実現するためには、まず子どもたち自身が綴方を通して自らの具体的な生活をリアルに描き出すべきだと無着に伝えたという。

こうして須藤を介して生活綴方を知った無着は、いわば「生きた教科書」として綴方を用いるようになる。その際、同僚が見つけてきた戦前の生活綴方実践、綴り方倶楽部編『調べる綴り方の理論と指導実践工作』（東宛書房、一九三四年）の知見にも学ぶ。ここで、自転車の台数比較など、数字を通して生活をリアルに把握する「調べる綴方」の方法を学んだ無着は、当初担任した子どもたちが二年生になるころから、テーマごとにグループを作って調査をし、綴方にまとめるという方法も取り入れるようになる。

また同じころ、無着は平野婦美子『女教師の記録』（西村書店、一九四〇年）にも出会っている。そこで彼女が子どもたちの爪を切っている姿に教師の仕事の幅広さを見て、感動したという。そして、「あとがき」で触れられていた生活綴方の代表旗手、国分一太郎に興味をもつ。観照的な文芸主義綴方『赤い鳥』を批判し、生活をリアルにつづることを重視した国分の仕事に、無着はその後、須藤克三を介して学んでいく。

これらに学びつつ、生活綴方の実践を展開させていった無着は、子どもたちとともに綴方集『きかんしゃ』（一九四九年六月発刊、全一六刊）を生みだす。この綴方集こそ、後に『山びこ学校』として結実するものである。なお、『山びこ学校』刊行の一九五一年は、国分一太郎『新しい綴方教室』（日本評論社）、さがわみちお編『山芋』（百合出版）も刊行され、「生活綴方復活の年」と称されるようになる。

では、戦後「教育の民主化」が叫ばれたこの時期、なぜ戦前からあった生活綴方が「復活」してきたのだろうか。無着は、この間の事情を振り返り、次のように述べている。ゴッコ遊びなど「アメリカから持ちこまれた『新教育（生活単元学習）』」は、「できあがった民主主義社会をいかに受け入れ」、いかにそれに「適応」させるかを意図しているかのようで、「封建制の抑圧」への抵抗を経験していなかったように思われる。「この『新教育（生活単元学習）』はおかしい、変だという実感が、日本の教師たちを土着の生活綴り方教育に向かわせたといえるかもしれない」（『無着成恭の昭和教育論』、一二九頁）。

その後、無着は、自身で同人機関誌『つづりかた通信』を発行するまでになる。そのなかで彼は、「生活の描写や文章表現」の仕方を綴方教育の本来の目的とするのではなく、「生活探求」こそ大切だと主張しつづける。つまり、綴方を出発点に、そこから浮かび上がる具体的な生活の問題の「探究」「解決」に取り組むことを重視しつづけたのである。

『山びこ学校』の問いかけるもの

無着成恭と四三名の子どもたちが繰り広げた『山びこ学校』の実践は、多くの人々の注目を集め、「戦後民主主義教育の申し子」と称されるようになる。では、『山びこ学校』が私たちに問いかけるものは何だろう。

まず、『山びこ学校』は、子どもの具体的な「生活の事実」をつづり、それを学級のみんなの前に出しあい発表させることから始まる「リアリズムの教育」である。そして、そこで浮き彫りとなる個々の切実な問題を学級全体で議論するなかで、問題解決の糸口を探究するものとなっている。それはまた、個々の「生活の事実」によこたわっている「共通の問題」を明確化することにも通じるものである。こうした『山びこ学校』の特徴は、

「生活者」としての子どもたちに着目し、生活の事実を具体的につかませるリアリズムの教育方法、すなわち「生活綴方的教育方法」として定式化・一般化されていく（国分一太郎・小川太郎『生活綴方的教育方法』明治図書、一九五五年）。

このことは、『山びこ学校』の卒業生、佐藤藤三郎の次のような言葉にも反映されている。学級委員長であった佐藤は、当時を振り返り、「『学問』とか『教養』『知識』というものは遠いところにあるのではなくて、日常の生活や、労働のなかにあるということを知った」と述べている（佐藤藤三郎『山びこ学校ものがたり』清流書房、二〇〇四年、三六—三七頁）。日常の具体的な生活のなかで問題をとらえ、その解決を学級全体で探究した『山びこ学校』。それは、「労働」「生産」「職業の自由選択権」などの抽象的な概念を、自分たちの生活のなかで具体的に考えなおすことの意味を私たちに伝えてくれている。

『山びこ学校』は、また、綴方を通して、子どもたちが自身の生き方を見つめなおす道も拓いている。つまり、綴方が子どもたちの生活や生き方の指導（生活指導）と密接に結びついて学校教育の重要な側面となりうることを物語っている。とりわけ、「綴方を通して、子どもたちの実践的な生きかたを理解し、それを問題にしていこうとする方法的態度」、さらには「子どもたちの現実の生活のなか」での「実践的な生きかたの探求」に光があてられる（宮坂哲文『生活指導』朝倉書店、一九五四年、五一頁）。そして、生活綴方をもちいた生活指導論の先駆的存在として位置づけられるようになる。

こうした『山びこ学校』の意味をかみしめつつ、卒業生の佐藤は、後に「子弟対決」と称された意見も表明する。佐藤によれば、生きるために必要な「術」「技」の一つとして読解力や計算力、基礎的・科学的知識がある。その習得に必要な「訓練」「鍛練」を、無着は重視しなかったのではないかというのである。生涯にわたり「真の学力とはなにか」をめぐって自問自答せざるを得ないという佐藤の意見は、高度経済成長へと向かう時代のなかで『山びこ学校』の時代的な制約を問おうとしているのだろう。農村社会に生きることを前提に「農業の機械化」を志向した『山びこ学校』での予想に反し、農村を離れていった卒業生も多い（佐野眞一『遠い「山びこ」』文藝春秋、一九九二年）。第一次産業が衰退し、かわって第二・三次産業が進展していくなか、いまも農業をしながら山元村に生きる佐藤は、深刻な過疎化に直面し、農村社会の行く末を案じている。

ここで考えるべきは、工業化や経済成長重視の発展観そのものの問い直しがはじまっているということだろう。たとえば、科学技術のもたらした弊害や環境汚染が指摘されるなか、農業など第一次産業を再評価し産業間の連関をもたせようとする内発的発展論などが登場している（鶴見和子・川田侃編『内発的発展論』東京大学出版会、一九八九年）。こうしたことを踏まえると、社会・経済、労働状況の変化とのかかわりのなかで、教育がどのような役割を担うべきか、考えつづけていく必要があるように思われる。無着成恭と子どもたちが繰り広げた『山びこ学校』の実践が問いかけているものは奥深い。

生活綴方のその後と無着の足跡

戦後初期には、『山びこ学校』のほかにも数多くの生活綴方教育が展開された。たとえば、恵那綴方の会編『恵那の子ども』（百合出版、一九五二年）や土田茂範『村の一年生』（新評論、一九五五年）、野名龍二『かえるの学級』（新評論、一九五六年）などがある。なかでも、小西健二郎『学級革命』（牧書店、一九五五年）は、生活綴方と話し合いという方法が学級づくりに重要な意味をもつことを提起しており、その後の生活指導論に影響を与えた。

また、生活綴方教育のその後の展開を知りたい人には、村山士郎『生活綴方実践論』（青木書店、一九八五年）や日本作文の会編『日本の子どもと生活綴方の五十年』（ノエル、二〇〇一年）が役立つだろう。

なお無着自身は、『山びこ学校』の子どもたちの卒業後、数年して山元中学校を辞職。駒沢大学に編入学後、一九五六年から東京の私立明星学園の小学校教諭となる。ここでの実践は、無着成恭編『続・山びこ学校』（むぎ書房、一九七〇年）に詳しい。これは、いざ問題を解決するときに必要な社会・自然認識の系統的指導を、当初の『山びこ学校』では軽視したのではないかとの認識にもとづく実践となっている。

その後、教室での系統的学習が子どもたちの生き方や生命の躍動と結びついていないことを自覚した無着は、一九七〇年代中ごろから、子どもの内なるものを引き出し、自己発見・自己実現につながる授業実践を模索しはじめる。無着成恭『詩の授業』（太郎次郎社、一九八二年）は、その結実である。無着の足跡をたどることは、戦後教育の歴史を読み解くうえでも重要な意味をもっている。

2 糸賀一雄と障害児教育

——「この子らを世の光に」——

近江学園のあゆみとともに

「この子らを世の光に」――わが国の「精神薄弱児教育の父」と呼ばれる糸賀一雄《いとがかずお》が残した有名な言葉である（この「精神薄弱」という用語は、一九九九年より法令上「知的障害」に改められたが、ここでは糸賀自身が当時使用していた用語としてそのまま用いている）。「この子らに世の光を」ではなく「この子らを世の光に」。この言葉はまさに、戦後まもない混乱のさなかに創設された近江《おうみ》学園のあゆみのなかで、子どもや同志とさまざまな苦楽を共にしながら、糸賀が肌で感じ、確かめ、深く味わってきた思いの結晶である。

近江学園といえば、今日では知的障害児のための児童福祉施設として知られているが、もともとはいわゆる「精神薄弱児」と、戦災によって家や家族を失った多くの戦災孤児や浮浪児のための総合学園として設立された。糸賀は、知的に遅れをもっていようが、環境に問題を抱えて非行に走り、学業不振に陥っていようが、共に教育を受けるべき存在として等しい価値をもつものであると考えていた。そこで、近江学園を二部制にして、第一部の対象を戦災孤児や浮浪児などの「環境問題児」、第二部の対象を「精神薄弱児」としながらも、「環境問題児と精神薄弱児の提携」をめざすべき理想として掲げて、遊びや作業、さまざまな行事での交流を実践した。一九四六年の創設から亡くなる一九六八年までの約二〇年間、糸賀は数々の苦難に突き当たり、そのたびに決して丈夫ではない身体を東へ西へと奔走させながら、近江学園のあゆみと自らの人生を共にすることになる。

しかし、「精神薄弱児教育の父」として今なお尊敬されてやまない糸賀の、障害や子どもの発達に対する理解は、最初から晩年の境地にあったわけではなかった。近江学園のあゆみをひもといてみると、糸賀が学園における子どもたちの成長や、互いを理解しあう姿に気づかされて、彼自身の障害観や発達観、さらには教育というものに対する理解や思いを深めていった様子をうかがい知ることができる。次に紹介するのは、その一例となる、近江学園が開園してまもないころの修学旅行のエピソードである。

……開園以来、学園独自でおこなってきた中学校三年生の修学旅行は、いっしょにつれていくのは無理でもあり、知能の普通な子どもたちがいやがるだろうというので、別々に計画していた。ところが昭和二十五年の春、中学三年生になった第一部の子どもたちは、第二部もいっしょに修学旅行に出るべきではないかといい出した。これまで別々に旅行をしていたことはいけないというのである。近江学園が、一部と二部と手をつなぐように、いつも言われているのに、何故修学旅行だけ別々にするのかと、中学三年生のMがいきまいていうのであった。

中村先生はこの申し出をきいてひどく感動した。そこで、中学三年生の子どもたちを集めて、「合同の旅行を実行することについては、君たちは二部の子どもたちのことについて、責任がもてるのか」とたずねた。するとMたちは、

「ぼくたちが全責任をもちます」

といい切るのであった。中村先生は、「それならば」というので、彼らに旅行計画をたてさせてみた。子どもたちは自発的に何回も会合をもって、二部の精薄な子たちをどのように伊勢までつれていくか、伊勢でどのように面倒をみるかなどということを、協議するのであった。〔中略〕

……研ちゃんという脳性麻痺の後遺症で、両足がひどく不自由な子どももいた。この子はとてもみんなについていけないことがはっきりしていたのだが、彼らは研ちゃんもいっしょにつれていくべきだと主張して、その対策を工夫したのである。

研ちゃんのためには、手押車が用意された。それはみんなで共同製作したものであ

った。二部の重度の痴愚や白痴の子たちのためには、彼らがひとりひとりの面倒をみるという班組織や世話役をきめた。

こうして一行は、みたところいかにも珍妙な一団となって、旅行に出かけていった。

（糸賀一雄『この子らを世の光に』柏樹社、一九六五年、一五四―一五五頁）

ここに描かれた出来事は、まさに子どもたちが環境や心身の障害を乗り越え、手をつないだ瞬間であり、近江学園においてめざされた「環境問題児と精神薄弱児の提携」が実を結んだ瞬間であった。糸賀たちは、「一部と二部と手をつなぐように」といつも子どもたちに言い聞かせながらも、「修学旅行は、いっしょにつれていくのは無理でもあり、知能の普通な子どもたちがいやがるだろう」と別々に計画していた。しかし、それに対して一部の子どもたちは、「一部と二部と手をつなぐように、いつも言われているのに、何故修学旅行だけ別々にするのか」と妥協を許さなかった。これは、糸賀自身の障害観や教育観の矛盾が浮き彫りになった瞬間でもあったといえるだろう。糸賀は、子どもたちのこの申し出に対して、率直に「ショッキングであった」と述懐している（同右書、一五五頁）。

ちがいを乗り越えていっしょに修学旅行に行くことが当然だと主張した一部の子どもたちは、「自発的に何回も会合をもって」、二部の子どもたちと旅行に出かける工夫を凝らしていく。これは、近江学園で、二部の子どもたちと長い間ひとつ屋根の下にくらしてきたなかで、「環境問題児」と言われた子どもたちに、「精神薄弱児」と呼ばれる二部の子どもたちをもはらから（同胞）として受けとめる意識が育っていたからこそであろう。子どもたちは、近江学園の理念として糸賀らが切々と訴えてきた、「環境問題児」と「精神薄弱児」が手をつなぐことの重要さ、何よりそれが自然な姿であることを肌で感じ取っていた。むしろ、勝手な解釈で「提携」の限界を決めつけていたのは、糸賀ら大人のほうであった。この子どもたちの姿、一部の子どもたちの二部の子どもたちへの深いまなざしに揺さぶられて、糸賀は真に「環境問題児」と「精神薄弱児」が手を結ぶことのありように気づかされ、その障害観や教育観を変革させていったといえる。

では、子どもたちをこのように成長させたのは何だったのであろうか。それを、近江学園の実践の積み重ねのなかから探っていきたい。

池田太郎、田村一二との出会い

まず、糸賀の経歴から紹介しよう。糸賀一雄は、一九一四年に鳥取県鳥取市に生まれる。旧制松江高校時代に洗礼を受け、クリスチャンとなった。大学卒業後、京都市衣笠山の山麓にある第二衣笠小学校で代用教員を務める。そこで、近江学園の創設者の一人である池田太郎と同僚として机を並べるという出会いを経験する。この池田に誘われて、京都市立滋野小学校の特別学級を担任していた田村一二《いちじ》を糸賀が訪ねたのは、一九四三年のことであった。この二人の実践家との劇的な出会いが、糸賀の人生を大きく変えることになる。

代用教員となって一年後の一九三九年、糸賀は赤紙の召集を受けるが、訓練中に病に倒れ召集を解除される。その後も糸賀から、本格的に教育実践の現場にとびこみたいという思いが離れることはなかった。一九三九年の年の瀬、糸賀は教育の行政を学んでみないかという誘いを受け、滋賀県庁に勤めることとなる。その後、正式に近江学園が開かれるまでの七年間、糸賀は社会教育主事補、青年教育官、秘書課長、兵事厚生課長、経済統制課長、食糧課長を歴任し、三二歳で終戦を迎える。この時の人脈もまた、近江学園の開園に大きな力添えとなった。その間も、池田や田村との交流は絶えることはなく、この二人の熱い思いと不幸な境遇の子どもたちという現実に突き動かされて、「園長には、できれば糸賀に来てもらいたい」という二人の申し出を糸賀は快諾する。ここに、近江学園の構想は糸賀の人生の中心として本格的にスタートした。一九四六年九月のことであった。

時はまさに敗戦直後の混乱の真っただ中。当時は、戦災を受けて放り出された多くの孤児たちが街頭をさまよい、警察によって「浮浪児狩り」が行われていた。戦後の混乱のなかで、多くの子どもたちが十分に教育を受けられないでいた。糸賀は、こうした日本の抱える児童問題を憂い、教育不在の問題に心を痛めていた。そして、「たとえどんな小さな試みであっても、教育の立場でがっちりとうけとめてみて、そのことを通して新しい社会や教育の像を未来につくりあげたい」と強く願うようになる（同右書、五七頁）。近江学園の設立という一大事業に人生をかけた糸賀を根底から支えたのは、この「教育不在」に対する強い怒りと危惧であり、不遇な環境や知的発達に障害をもつために社会から忘れ去られようとしていた子どもたちへのひたむきな愛情であり、そして何より、それを共に語り合い分かち合う池田、田村との出会いであったということができるだろう。

「生活即教育」――開かれた社会へ

糸賀は、施設は「家庭であり、学校であり、社会である」という。それは、近江学園における実践のなかにどのように反映されていたのであろうか。

①家庭として

近江学園に集まった子どもたちは、どの子も不遇な境遇に育った者ばかりであった。そのために、人間に対する基本的な信頼を取り戻すことが第一の課題であった。保母や教師が生活を丸ごと抱えて子どもたちと寝食を共にするなかでこそ、信頼関係が生まれる。自分が愛されるべき存在であることを実感すると、子どもは徐々に落ち着きを取り戻していく。そう考えた糸賀は、「環境問題児」も「精神薄弱児」も職員も職員の家族も、みなが生活を共にすることを一番に大切にした。これが家庭としての施設の一面である。

②学校として

絵を描く、文字を覚える、算数を習う――近江学園では子ども一人ひとりの実態にあわせて、多彩な教育的活動が用意された。不遇な生い立ちゆえに、劣等感にさいなまれ心をかたくなに閉ざした子どもも少なくなかった。そんな子どもたちが、学習を通して、向上の喜びを知る。自分にできることを知り、自らへの自信を回復させていったのである。

スリの名人と言われ、問題行動ばかり起こしていた子ども（K）がいた。彼は、施設に入所した当初は教室での学習にもまったく意欲を見せず、ただ机にすわってノートや教科書を破って過ごしていた。しかし、同年代のリーダー（S）が学習の補助につくようになってから少しずつ学習に興味をもつようになると、その学力の進歩と並行して、Kの内面生活にも少しずつ変化が表れる。保母と生活を共にするなかでその愛情にふれ、勉強のおもしろさにめざめ、やがて人の見ていないところで下駄をそろえたり、整理整頓ができるまでに成長したという。Kだけではない。ある子どもは、習った文字で日記を書きはじめ、保母と心を通わせた。またある子どもは、詩に自らの思いをつづり、仲間と共感を深めていった。このように、近江学園では、教育が生活と密接に結びついており、教育を通して人格の成長がうながされたのであった。

③ 社会として

さらに近江学園では、ものづくりを通した「一人ひとりの社会的な人格の確立」がめざされ、そのために職業教育の充実に力が入れられていた。子どもたちは働くことを通して向上の喜びを味わい、全力を傾注して生活を営み、その生活を享受する。そのような経験のなかでこそ、子どもの人格は成長すると糸賀らは固く信じていた。

また糸賀は、この社会的な人格の確立は、社会に庇護されるなかではなく、社会に主体的に参加することによってはじめて成し得るものであると考えていた。だからこそ、職業教育としてのものづくりも、施設という閉じた環境のなかで完結するものではなく、社会に開かれたものであることを何より重視した。もちろん、最初からすべてがうまくいったわけではない。農業でも畜産でも窯業でも、失敗の連続であった。それでも、子どもたちの将来の豊かな生活に密接に結びつく教育のあり方を糸賀らは模索しつづけたのである。

このように近江学園は、家庭として、学校として、社会として、子どもたちを受けとめ育んでいった。そのすべての側面において、糸賀は「環境問題児と精神薄弱児の提携」に並々ならぬ情熱を傾けていた。それは、「環境問題児と精神薄弱児の提携」が、押し広げて考えれば社会の本来のあるべき姿であると考えていたからである。そこで彼は、限られた子どもたちを対象にした閉じた社会ではなく、障害児とそうでないものがそれぞれに自分の持ち味を生かしながら、お互いに助け合って生きていく開かれた社会としての学園づくりをめざした。それは、人間の存在の根幹にかかわる寝食を共にすることにはじまり、園のなかに学校ができれば職員の子どももそこに通わせるほど、職員も職員の家族も入所している子どもも分け隔てない生活や、職業教育において「環境問題児」と「精神薄弱児」をあえて分けない指導など、近江学園の実践の随所に反映されている。近江学園の教育で何よりも大事にされたのは、この「生活即教育」という精神であった。子どもたちを取り巻く生活のすべてを学園で共にするなかでこそ、子どもたちの豊かな発達、人格の成長が遂げられていったのである。そしてその精神は、冒頭で紹介した修学旅行のエピソードで子どもたちが自ら環境や障害を乗り越えて手をつなぐことを求めたように、理屈ではなく心に訴えるものとして、日々の営みのなかで子どもたちに浸透していったといえるだろう。

近江学園の子どもたちから学んだもの

糸賀がこの近江学園の実践を通してたどり着いたもう一つの到達点が「発達保障」という考え方である。それは、「どんな子どもであっても、それなりによりよい姿になっていくものである。重症の子どもの場合には、それはひじょうにわずかであるが、それでもそういうかわっていくいとなみがある。それは、すべての人間の子どもが歩む発達の法則性から、決してはずれたものではない。それどころか、よそ目にはそれと見えなくても、この子たちの心のなかには、少しずつよくなろうとする気もちが芽生えているのである」という糸賀の言葉にもっともよく表れている（同右書、二九四頁）。重い脳性麻痺でベッドに寝たきりの青年が、半年にわたる保母らのかかわりのなかで、ある日、保母がおむつをかえようとすると、必死に腰を浮かそうと努力する姿があったというエピソードは、これを雄弁に物語っている。

発達保障とは「一才は一才として、二才は二才として、その発達段階はそれぞれの意味をもっているのであって、その時でなければ味わうことのできない独特の力がそのなかにこもっている」、「一才は二才でないからといって低い価値なのではない。それぞれの段階がもつ無限の可能性を信じ、それを豊かに充実させること」こそを重要とする考え方である（同右書、二九六頁）。そしてこの発達段階を充実させながら伸びてゆく姿は、「精神薄弱児」であれ、重度や重症の心身障害児であれ同じであること、それゆえに、心身の発達に障害をもっていても、人間としての豊かな成長が期待できることを強調し、あらためて教育というものを考え直す必要性を社会に提起したのである。糸賀らが近江学園の実践のなかでつむぎ出したこの発達保障という考え方は、今なお色あせることなく、わが国の障害児教育の世界に生きつづけている。私たちは、この発達保障の考えに学びながら、子どもたちのあらゆる発達の段階をどのようにしたら豊かに充実させることができるかを、さらに追究することが求められているだろう。

実は近江学園設立当初、糸賀は重度の「精神薄弱児」を、教育の対象としては受けとめきれない存在としてとらえていた。それは、「環境問題児と精神薄弱児の提携」を理念に掲げながら、冒頭で紹介した修学旅行の実践のように、「これは障害の重い子どもには無理だろう、知能の普通な者が嫌がるだろう」と、糸賀自身が障害の有無や程度によって子どもたちの教育活動を選別していたことからもうかがい知ることができるだろう。その糸賀に、真に「環境問題児」と「精神薄弱児」が手をつなぐことの意味に気づかせたのは、子どもたちであった。糸賀が自らの内に抱えていた限界を、子どもたち自身が乗り越えようとし、また、それによって糸賀の教育観も大きく揺さぶられていったのである。

修学旅行生たちの担任だった「中村先生」は、この出来事を次のようにつづっている。

「問題児の多いクラスが一件の非行もなく見事に修学旅行を終えることが出来たのは、一部の子供達の中に次第に芽生えて来た思いやりの心とその一部の子供達に非行を与えさせなかった二部の子供の純真無雑な心の美しさも併せて考えなくてはなるまい。更にいえば、二部の子供の素朴極まる善良さに一部の子供の悪い心が完全に制圧されたともいえよう」と(『近江学園年報』第三巻、一九五一年)。

まさに、障害をもつ子どもらの存在が「光」となることを、子どもたちが教えてくれている。私たちはともすると、目の前の子どもたちに対して自分なら何ができるかと、子どもに対して一方的に光を当てることに躍起になりがちかもしれない。それが、障害や学習上の困難をもつ子どもであればなおさらである。しかし、ときに子どもは、大人以上に深く鋭いまなざしで互いを見つめ理解し合い、子どもが「光」となって私たちに教育の本質を気づかせてくれる。糸賀が残した「この子らを世の光に」という言葉をかみしめて、それに気づけるセンシティブな心をもって、明日の教育実践に臨む勇気と子どもの明日への希望をもちたい。

BOOK GUIDE ②

障害児教育のあゆみをたどる

まず、障害児教育の概論書としておすすめしたい一冊は、窪島務『障害児の教育学』（青木書店、一九八八年）である。また、一九六〇年代以降の障害児教育の現場では、重度または重複障害をもつ子どもへの対応が急務の課題となっていった。そのなかで確立されていった発達保障論について知りたい方は、田中昌人『障害のある人びとと創る人間教育』（大月書店、二〇〇三年）をぜひ一読されたい。

養護学校の義務制が実施される以前の学校における重度の障害児の教育を模索する様子は、青木嗣夫編『僕、学校へ行くんやで』（初版、鳩の森書房、一九七二年／新装版、ぶどう社、一九八二年）に詳しい。これは、多くの子どもが就学猶予・免除というかたちで学校教育を受けられずにいたなかで、地域ぐるみの学校設置運動が展開された結果、一九六九年に設立された、京都府立与謝の海養護学校の取り組みの詳細な記録である。また、一九七〇年代から八〇年代にかけての重度心身障害児の教育実践を知るには、藤本文朗ほか編『瞳輝いて』（全国障害者問題研究会出版部、一九九〇年）がある。

養護学校教育義務制実施の機運が高まってきたころ、一方で交流・共同教育、統合教育（インテグレーション）の名の下に、障害児と健常児が共に学びあうことの重要性が認識されるようになり、取り組みが進んだ。清水寛編『共同教育と統合教育の実践』（青木書店、一九八四年）は、保育から学童期、青年期に至るまでの貴重な実践の記録である。また、現代の特別支援教育の実践を探るには、清水貞夫ほか編『通常学校の障害児教育』（かもがわ出版、二〇〇三年）がおすすめである。

3　大村はまと国語単元学習

――「教えるということ」を問いつづけて――

子どもの興味を引き出す教材との出会い

「優劣のかなたに」――いま、国語教師大村《おおむら》はまの紡ぎ出すことばが人々の心をとらえている。大村は、ことばの力を培いながら子どもたちを学習主体として育てていくことを、自身の国語単元学習の根本に据えてきた。そしてそこには、「教えるということ」に対する大村の根源的な問いが息づいている。

以下に紹介するのは、単元「やさしいことばで」（一九四八年）についての大村はま自身による回想である。当時、大村の勤めていた深川第一中学校には、まだ戦争の爪あとが深く刻み込まれていた。校舎の玄関には、「昭和二十年三月の大空襲の夜、何百人もの人がここに折り重なったまま、火に包まれ、なん日も焼けつづけたため」にできた「赤黒いしみ」が広がっていた。そうした情況のなか、大村が自らの希望のよりどころとしたひとつの教材文があった。「やさしいことばで」というその文章に大村は胸をおどらせる。「むずかしい理論、高い思想、深い感動を、みんなにわかるやさしい、平らな、なめらかなことばで伝えていかなければ、文化はみんなのものにならないのだ」。「文化がみんなのものにならなければ、文化国家として民主国家として日本は生き返っていけないのだ」。大村は、文化をみんなのものとするところに「新制中学出発の意義」があり、自分が「その先頭に立っている」と考えて興奮したのであった（大村はま『大村はま国語教室』第一巻、筑摩書房、一九八二年、一〇頁）。

こうした思いを胸にしながら、大村はある決定的な出会いを経験する。それは、少年少女向けの雑誌の裏表紙に載っていた四種類の鉛筆の広告であった。そこには、「滑らかさと強さと光線遮断力を倍加した特許加芯」「世界を雄飛しよう　日本の鉛筆」「いくらでも早くすべる――まったく気もちのよい鉛筆ですよ」「王者の貫禄」といった宣伝文句がおどり、それぞれの鉛筆が自らの良さを懸命にアピールしていた。それは、注意しなければ何気なく通り過ぎてしまう紙片であったのかもしれない。しかし、教師大村はまにとって、それはまさしく「やさしいことばで」の趣旨に適した「教材」であった。

私はもう子どもたちが乗り気になって一生けんめいに話し合い、論じ合っている教室が目に見えるような気がした。このことばのことをどう言うだろう、あの子もこれなら黙っていられないだろう……などと、子どもたちの顔を思い浮かべた。どの子も喜びそう、○○も◇◇も、乗ってくる、きっと！　私はわくわくし、胸の高鳴りを感じながら、教材を探すということの味を覚えた。また、よい教材、適切な教材というものの手応えと感触というようなものに気がついた。

（同右書、一一一―一一二頁）

実際の授業は、予想どおりいきいきとした時間になった。子どもたちは、「長いことばが入れてあるので見にくい」「やさしいことばで語りかけている」といった意見を口々に述べた。さらに、この時間がきっかけとなって、子どもたちは考えてみたい資料を収集してくるようにもなった。大村は、この経験をとおして次のようなことを学んだという。

勉強ぎらいな――というよりも、勉強の習慣のない、力がなさ過ぎて勉強の楽しみを知らない――そういう子どもたちには「よく読みなさい、何度も読みなさい」「どういうことが書いてあるか、考えなさい」「筆者はどういうことを言おうとしていると思いますか」「筆者はどういう気持ちでこれを書いていますか」、このようなことを言ってはだめである。しかし、何度も読ませたいし、筆者の考え、気持ちを受け取らせたい、そういうことのできる力をつけなければならない、このときどうすればよいか。

この「やさしいことばで」の学習で、この問題への答えをぼんやりとながらとらえた、と思う。そしてそれはその後、今日まで貫いているものの一つになった。

（同右書、一三―一四頁）


ここには、「教えるということ」について大村の追究してきた問いが明確なかたちであらわれている。すなわち、何が書いてあるかと解説するのではなくて、何が書いてあるかを探らざるをえないように導いていくにはどうすればよいのか、子どもたちのうちから湧き起こる学習への興味によってことばの力を培い、学習する個人を育てるにはどうすればよいのかという問いである。そして、大村はこの問いに、子どもたちにとっての「必需品」である鉛筆の広告文を題材とし、読むという行為を子どもたちにとって切実なものとすることによって応えようとしたのである。

国語教師大村はまの誕生と再生

一九〇六年六月二日、大村はまは横浜市に生を受けた。その名の由来は横浜で生まれたことにある。はまは、共立女学校の教頭を勤める父・益荒と、小樽北星女学校を卒業した母・くらのもと、キリスト教の色彩の強い家庭に育った。一九一三年に横浜市立元街小学校、一九一九年には共立女学校に入学する。しかしその翌年、上級学校への入学資格を得るため捜真女学校に転校する。一九二五年、東京女子大学に入学し寮に入る。ここで、芦田恵之助の『綴方十二ヶ月』(育英書院、一九一七―一九年)などを読んで国語教師になろうと決意した。そして大学を卒業した一九二八年、長野県立諏訪高等女学校において教師としての第一歩を踏み出す。この諏訪高女時代に、大村は「国語筆記帖」なる学習記録の指導をはじめており、その後の各個人が学習記録を作成していくという指導法の基盤となるものがすでにかたちづくられていた。一九三八年からは東京府立第八高等女学校に転任し、戦時中も精力的な指導を続けた。

「戦争が終わって、ほんとうに気持ちがおかしくなるくらい呆然としました」と語る大村にとって、戦後は新たな出発であり、また再生でもあったといえる(大村はま・苅谷剛彦・苅谷夏子『教えることの復権』筑摩書房、二〇〇三年、一三八頁)。そして大村は、民主国家をめざす教育の先頭に立つという思いを胸に、新制中学の発足と同時に自ら希望して東京都江東区立深川第一中学校へと転任する。一九四七年の中学校創設当時、まだ教科書もなく、しかも深川一中では一〇〇人をひとつの教室で教えるという状態だった。子どもたちは「ウワンウワン」と騒ぎ、大村は教室の隅で立ちつくしたという。そこで、大村はある日、疎開の荷物のなかから新聞とか雑誌とか、とにかくいろいろなものを引き出して教材になるものを一〇〇ほどつくり、それに一つ一つ違った問題をつけて教室に持っていった。そして、子どもを一人ずつつかまえては、「これはこうやるのよ、こっちはこんなふうにしてごらん」といいながら渡していった。すると驚いたことに、教材をもらった子どもからくいつくように勉強を始めたのである。大村は、子どもたちが「いかに伸びたかったたか」「いかに何かを求めていたか」ということに打たれ、感動したという（大村はま『新編 教えるということ』筑摩書房、一九九六年、七五―七六頁）。ここに、それぞれの子どもたちに適した教材を使って、それぞれの子どもたちにことばの力を培っていくという大村の国語単元学習の原型が誕生したのである。

その後大村は、文部省の委員の仕事にもたずさわりながら、目黒区立第八中学校、中央区立紅葉川中学校、中央区立文海中学校において国語単元学習の生成期にあたる模索を続け、一九六〇年大田区立石川台中学校に転任後は、その実践は成熟期を迎える。一九八〇年に七四歳で石川台中学校を退職したのちも、講演や出版などの活動をとおして、大村の国語単元学習はさらに多くの人々の心をとらえていくことになる。そして、二〇〇五年四月一七日、大村はまは九八歳で永遠の眠りについた。

「てびき」、「学習記録」、そして評価

大村がめざすのは、子どものうちから湧き起こる学習意欲によって、ことばの力をそれ

資料1　「発言のてびき」の例

1 「――」は、どんな本ですか。
2 ――の種類がたいへん多いようですが、どうしてですか。
3 ――の種類のたいへん多いわけは、いまの発表でわかりましたが、それにしても……ということは考えなくてもいいでしょうか。
4 「――」は、私たちのグループでもえらびました。ぜひ、買う本のなかに入れたいものです。
5 「――」は、私たちのグループでもえらぼうとしました。けれども、……ということを考えてやめたのです。……のような意見は出ませんでしたか。
6 「――」を入れたことは、たいへんいいと思います。私たちも、そういうものを探していたのですが、見つけられませんでした。
7 いま、文学の本が多いから、ほかの本を、と考えたそうですが、私たちは、調査から見ても、圧倒的に、文学を望んでいるのですから、多いものを、もっと多くする、というように考えました。こういう考えかたをどう思いますか。
8 「――」という本は○○出版社のもありますが、どうして△△出版社のにしたのですか。
9 とてもよくえらべていると思います。まとめの委員会のとき、第一候補にいいと思うくらいです。

【出典】大村はま『大村はま国語教室』第七巻、筑摩書房、1984年、195頁。

ぞれの子どもたちに培っていくことであった。そうした学習を組織するために必要となるのが、「てびき」と「学習記録」である。まず、「てびき」とは、「子どもの学習活動を掘りおこすエネルギーのもととなるもので、子どもたちがどこから手をつけていいかわからないというような状態になっているときに、ちょうどよいヒント、それが一挙に学習意欲を燃え上がらせ、活発な学習活動に入らせる」ものである（大村はま『教えながら教えられながら』共文社、一九九一年、一五五頁）。〔資料1〕に示すのは、読書生活を指導する単元「どの本を買おうか」（一九七二年）における「発言のてびき」の例である。

大村は、学級文庫としてどの本を買うべきかという子どもたちの学校生活の実際に根差した話題を持ち出し、その下地のうえに「てびき」を提示することで、「どこから手をつけていいかわからない」状態にある子どもたちに対して、「学習意欲を燃え上がらせる」きっかけを与えようとする。この「てびき」について、世羅博昭は〔資料2〕のような分類を施している。この分類に従えば、先に提示した「てびき」は、「『書きことば』による手引き」であり、かつ「自己学習力の育成を図るための手引き」（＝方法を学ばせるための手引き）であるといえるだろう。このように大村は、目的に応じて「てびき」を使い分けることで、学習活動の組織化を図っていたのである。

資料2　「手引き」の種類

A．提示方法に着目した手引きの種類
①「書きことば」による手引き
②「話しことば」による手引き
③教師が身をもって示す手引き
④授業展開の仕方による手引き
B．機能に着目した手引きの種類
①言語能力を高めるための手引き
②認識の深化・拡充を図るための手引き
（＝心を耕すための手引き）
③自己学習力の育成を図るための手引き
（＝方法を学ばせるための手引き）

【出典】宮本浩子・西岡加名恵・世羅博昭『総合と教科の確かな学力を育む　ポートフォリオ評価法　実践編』日本標準、2004年、171頁。

次に、「学習記録」の指導についてみていこう。大村は、中学一年生の一学期に「学習記録」をまとめる力を鍛える指導を集中的に行うとともに、子どもたち一人ひとりの学力の実態を把握していく。そして、二学期に入って、本格的な単元学習を展開していくのである。このことから、国語単元学習において「学習記録」が子どもたちの学習活動を支え

資料3　「学習記録」の編集

（1）表紙　（2）見返し　（3）（口絵）
（4）とびら　（5）目次
（6）罫紙に書いた学習記録
①その単元に入るときの心持―まえがき
②単元の目標　③学習計画・日程
④日々の学習記録
・学習した内容・学習の過程で考えたこと・わかったこと・感じたこと・てびきを使いながら考えを進めた跡・考えながら書いたメモ・カード・グループで話し合ったこと・配布プリントに書き込みをしているもの・各自で調べたこと・先生の話があればその要点・その日の感想　等。
（7）さまざまな学習資料類
・「学習のてびき」プリント・国語教室通信・教師からの配布資料・学習者作成の資料・テスト類・各自の書いた作文・作品　等。
（8）（中とびら）　（9）あとがき
（10）（索引）・奥付・見返し・裏表紙

【出典】『総合と教科の確かな学力を育む ポートフォリオ評価法 実践編』182頁。

る根本の位置を占めていることがわかるだろう。この「学習記録」は、世羅によれば、おおよそ〔資料3〕のように冊子として編集される。大村は、この「学習記録」について、書くことの成功感を味わいながら書く習慣を身につけること、すなわち書くことの指導の一環であることをまず指摘する。しかし、もうひとつ重要な点は、子どもたちの自己評価の力を養うためのものでもあるということである。ここに、評価論という地平が浮かび上がってくる。

　大村は次のように評価をとらえている。教師にとっては、子どもの実態を把握して、子どもにどのような指導をしていけばよいのか、その指針を得るためのものである。また子どもにとっては、自分自身がこれからどのように勉強していったらいいのか、これからの学習の指針を得ることのできるものである（大村はま『新編 教室をいきいきと2』

筑摩書房、一九九四年、一三一―一三七頁)。こうした評価観は、子どもたちの実態をていねいに見つめ、自身の指導に反映させようとする大村の教師としての姿勢そのものの表現であり、また自らを見つめなおすことによって自らを個人として育てていくという大村の教育理念をよく反映したものといえよう。そして実際の評価では、子どもたちが自己評価をおこなう「評価表」を用意するとともに、大村は子どもたちの様子を記しておく「チェック表」を教室に持ち込んでいた。「表の上のほうに、いま目的にしている能力を簡単に書いておく。縦には一人ひとり生徒の名前が書いてある。そしてその時間に、その目標にふれて扱ったときはチェックを付けておく。……一人ずつ全部の項目についてチェックするのではなくて、一時間の授業をして三人とか四人とかがチェックになっているくらいの感じです」(『教えることの復権』九〇頁)。大村はこのようにして、子どもたちそれぞれのことばの力の実態を把握し、適切な指導に努めていたのである。

大村はまが私たちに問いかけるもの

大村の国語単元学習に常につきまとった批判は、受験学力をつけることができないのではないかというものであり、実際に受験に取り組む中学三年生の担当をはずされるという事態も生じていた。こうした批判に対して大村は次のように反論する。

一つは、いわゆる受験学力のような狭い学力ではなく、もっと広い意味での学力を育成しようとしているのだという点である。単元学習が「力がつかない」「文章が下手である」「字をまちがえる」といった批判を浴びるのは、「おもしろいということ、楽しいということに夢中になって、それがどういう学力を育てることにつながっているかを、確かめることを忘れている」ことに原因がある（『新編　教えるということ』一九九頁）。大村は、「民主国家の建設」のためにことばの力を育成することを目的として、戦後の教師人生をあゆみはじめた。大村にとって、「大人になるための学校」である中学校での学習は、社会においてひとりで生きていく力を培うことそのものであり、「学校の社会化」をめざすものであった。しかし、戦後の中等教育の大衆化、すなわち「社会の学校化」という急激な変化のまえに、大村の教育理念は現実との葛藤を余儀なくされていったのである。

もう一つの反論は、学習というのは、優劣をこえたところ、「優劣のかなた」にあるのだという点にある。大村は、「わかる、わからないの世界」から「その向こう」へと子どもたちを誘っていかなければならないとする。「優劣のかなた」とは、「それぞれ学習に打ち込んでいて、それぞれ成長していて、だれができ、どの子ができないなどと思っているすきまがない」ようにすることである（『大村はま国語教室』第一一巻、三〇七―三〇八頁）。そして、教室の魅力とは、「力の弱い子どもが張り合いよく学習していると同時に、力のある子どももいきいきとして学び、語り合い、豊かな力を出し切って努力している」ところに生まれる（『新編　教えるということ』一六七頁）。大村にとって、学習とは、競い合うのではなく、その知的活動に入り込むことでそれぞれに成長していくことをめざすものなのである。子どもたちそれぞれが学習すること自体を喜びと感じることができるような、そういう教室を大村はつくろうとしていたのであった。

大村が教師という存在を語るさいに持ち出す「仏様」の話がある。仏様が道端に立っていると、一人の男が荷物をいっぱい積んだ車を引いて通りかかった。しかし、車はぬかるみにはまって動かなくなってしまった。男が懸命に引いても、車はどうしても動かない。それを見ていた仏様は、男にわからないようにそっと指で車にふれた。その瞬間、車はぬかるみを抜けて、男は何も知らないままからからと引いていった。この話に登場する男は、仏様の力によってぬかるみを抜けたことを永遠に知ることがない。教師とは、先頭に立って子どもたちを導いていくのではなく、それぞれの子どもたちが学習に没頭するなかで「ひとりで生きていく力」をしっかりと培っていくための手助けをする存在、いやむしろそこにこそ「教える」存在としての教師の役割があると大村は考えているのである（『新編 教えるということ』一五六頁）。

「教えるということ」を問い続けたひとりの教師の人生。大村はまが遺してくれたこの道のりは、「教える」という営みに正面から向き合っていくことの大切さを、いつまでも私たちに語りかけている。

BOOK GUIDE ③

国語教育の豊かな実践に学ぶ

　大村の著作でまずおすすめしたいのは、『新編 教えるということ』（筑摩書房、一九九六年）である。教師として生きるということがいきいきとしたことばで語られた講演集である。大村はま『新編 教室をいきいきと』（全二巻、筑摩書房、一九九四年）には、教師への「てびき」として明日の授業への心構えやアイデアがたくさんつまっている。また、大村はま・苅谷剛彦・苅谷夏子『教えることの復権』（筑摩書房、二〇〇三年）は、大村の仕事の現代的意義が強調されている点で興味深い。さらにくわしく大村について知るには、『大村はま国語教室』（全一六巻、筑摩書房、一九八二—八五年）をおすすめする。とりわけ、大村の国語単元学習の展開については第一巻を、ライフヒストリーについては別巻を参照してほしい。そのほかの巻の具体的な記録も授業のイメージをふくらませてくれる。

　こうした大村の仕事は、国語教育の歴史という視座からとらえなおすことでさらに深みを増す。戦後国語教育の歴史的概観については、田近洵一『戦後国語教育問題史（増補版）』（大修館書店、一九九九年）が示唆に富む。具体的な人物の著作としては、大村はまとともに国語単元学習の研究に力を注いできた『倉沢栄吉国語教育全集』（全一二巻、角川書店、一九八七—八九年）や、国語教育の領域において、戦後新教育を批判し「教育内容の現代化」論者として登場した『西郷竹彦文芸・教育全集』（全三六巻、恒文社、一九九六—九九年）などがある。また、全国大学国語教育学会編『国語科教育学研究の成果と展望』（明治図書、二〇〇二年）は、現在の国語教育学研究の成果が一望できるものとして便利である。

4　東井義雄と「村を育てる学力」

――子どもと地域を結ぶ授業づくり――

できない子のおかげでわかるようになる

東井義雄《とういよしお》は、子どもの生活に根ざした素朴な考えを、何よりも大切にした教師である。東井は、それを土台にして、子どもたちが考えを磨きあうよう仕向け、高い認識へと到達させる、授業の名手であった。彼の授業からは、教師の予想を超えるような子どもたちの発見や発言が多く生まれた。

次に紹介するのは、東井が一九五〇年代末に、「いなむらの火」の読解指導をする場面である。「いなむらの火」は、五兵衛という庄屋が、大津波の襲来を予知し、四〇〇の村人を津波から救うために、あとは収穫を待つばかりになった稲むらすべてに火を放ち、火事を起こして、村人たちを丘の上へかけ上がらせ、命を救う、という筋である。授業記録は、担任していた五年生のクラスで集団による読解を進める前に、東井が子どものノートに目を通す場面から始まる。

……私は、Aという子どもが、作者の意図とは全く逆の読みとり方をしていることを発見した。すなわち、庄屋五兵衛が、自分の家の稲むらのすべてに火を放ち終り、たいまつを捨てて、じっと沖を見つめる場面を、「五兵衛さんは、豊年でたくさんとれた稲をみんなもやしてしまって、おしいことをしたと思いながら沖をみつめているのだろう」と、Aは読んでいるのである。

私は、集団による学習の際、まず、このAの読解を発表させてみた。すると、BもCもDもEも、みんなが、口々に「おかしいぞ」「おかしいぞ」と、つぶやくのである。私はわざと「だって、せっかくとれた稲に、みんな火をつけてしまったんだもの、五兵衛さんは、惜しいことをしたと思うだろうなあ。……」といってやった。「ぼくらだったら、おしいことをしたと思うかもしれないが、五兵衛さんはちがうと思います」……という。「それなら、何かそんな証拠でもあるかな?」と水をむけてやると、はじめて、子どもたちは証拠をみつけるために、やっきになりはじめた。［中略］

さて、しばらくすると、Bが「あった!」と叫ぶ。……「五兵衛さんは、稲むらに火をつける前に……『もったいないが、これで村中のいのちが救えるのだ』といっている。ここを読むと、五兵衛さんも、一ぺんは火をつけることを惜しいと思っていることがわかる。けれども、その次に『が』ということばをつかって、反対のことをいっている。ここは、稲のねうちと、村の人のいのちのねうちをてんびんにかけているところだ。しかし、五兵衛さんは、てんびんにかけた結果、『これで村中のいのちが救えるのだ』と、大へん強い言い方をしている。この『のだ』は、もう迷いのなくなった『のだ』だ。……」「えらいことを考えついたなあ。『のだ』に、そんなわけがあることは、先生も今まで気がつかなかった。……」〔中略〕こうしてみんなで考えあっている中に、教師である私まで、子どもからいろいろ気がつかせてもらった……。

「『〜が…のだ』」「『いきなり』『むちゅうで』火をつけた」「『すべての』いなむらに」などの子どもの発見をふまえて」「きょうは、すばらしくはりきった、ねうちのある勉強ができたが、この原因を考えてみると、A君があゝいう読みをやってくれたおかげだ……」といって、黒板の隅っこに、白ぼくで小さい「まる」を書いてやり、A君に感謝した……。

（東井義雄「読解指導——方法上の問題点」菅原稔編『現代国語教育論集成　東井義雄』明治図書、一九九一年、二三二—二四四頁）

この実践は、東井も言うように、間違った読み取りをしたA君がいたからこそ、成立した授業である。一人の子どもの、たった一つの読み取り間違いに、授業を一校時も費やしてクラス全員で説明するなんて、なんと効率の悪い授業だろう、と感じる人もいるかもしれない。しかし、読解の得意なB、C、D、Eといった子どもたちだけを集めて指導したときに、彼らがこれほど夢中になる授業が成立しただろうか。すんなりと読み解いていた彼らは、A君の間違いによって、自分たちも考えの根拠をはっきりとは説明できないことにはじめて気づいたのである。そこで五兵衛の心情、決意が読みとれる箇所を必死で探し、「〜が……のだ」などの文章表現を根拠として発見した。つまり、彼らは、A君の誤りのおかげで、論拠を文章上に確かめながら言語化していくという、読解の核心を深めたといえよう。東井は、A君の「稲をもやしたらもったいない」というような、子どもの生活経験に根ざした考え、間違いを出発点としてこそ、子どもに「村を育てる学力」（受験やテスト用の学力ではなく、村の生活をよりよくしていくために主体的に使いこなすことのできる学力）を身につけさせることができると考え、実践していたのである。以下では、このような教育のロマンを追求した東井の学力観と授業づくり論に迫ってみたい。

猛省からの再出発

東井義雄は、一九一二年、兵庫県出石郡合橋村（現豊岡市）に浄土真宗の寺の長男として生まれた。田舎の貧しい暮らしのなかで、離村・立身出世の野心を抱いていた。ところが一九三二年、豊岡尋常高等小学校の教師となり、子どもたちとふれあうなかで、どんなに貧しくとも、村の教育者として生きることを決意。その後、綴方教師サークル「但馬国語人連盟」に加入し、生活綴方による教育実践を追求した。一九四二年『学童の臣民感覚』（日本放送出版協会）を発表し、国家への忠誠を明らかにする。子どものなかに「臣民感覚」を感じ、それに寄り添おうと、「皇国民の錬成」に全力投球したのだった。

戦後は、戦前の実践に対して猛省し、自決、せめて退職と考えたが、教職への未練を捨て難く、一九四七年、相田小学校に赴任。しかし、「「教え子が戦死しても」死ななかった私、責を負って職を退くことすらできないなさけない卑怯な私」が、文章など書けない、と十余年にわたって執筆・講演活動を停止し、教室での指導に沈潜する。この間の事情については東井「戦争体験と戦争責任」（『現代教育科学』一九六三年八月号）に詳しい。

その東井が沈黙を破るのは、一九五七年、『村を育てる学力』（明治図書）の発表によってである。日本の教育界に能力主義が広まり、「自分さえ、わが子さえ勝ち上がればよい」という利己的な雰囲気が学校を覆いはじめたことに耐えかねたのだろう。東井は、村を捨て、自分一人が立身出世することを助長するような教育ではいけない、むしろ自らの共同体を守り、発展させることのできる学力形成こそめざさねばならない、と強く主張した。さらに、このような学力は、子どもが生活で得た主体性と素朴な認識を基盤にしてこそ身につけさせることができると断言した。この著作は、無着成恭『山びこ学校』（一九五二年）、小西健二郎『学級革命』（一九五五年）とともに、生活綴方運動における「戦後の重要な里程標」と評価され、日本の思想界にも衝撃を与えた（久野収・鶴見俊輔ほか「大衆の思想」『戦後日本の思想』中央公論社、一九五九年）。正答よりも間違いに、学者の理論よりも実践からの知見のなかに、高い学力を形成するための契機を見いだす東井の実践は、その後の日本の教育に大きな影響を与えていくことになった。一九五九年相田小学校長。一九六四年八鹿小学校長、一九七二年退職。一九九一年四月逝去。享年七九歳であった。

「生活の論理」と「教科の論理」

では、東井が主張し、日本中に衝撃を与えた「村を育てる学力」とは、なんだろうか。まず、「村を育てる学力」の基盤となるのは、「生活の論理」である。東井は「生活の論理」を次のように説明する。「子どもというものは、……無茶苦茶、無秩序に感じたり思ったり考えたり行なったりするのではなく、ちゃんと、その底に理くつをもっている……。その理くつは、子どもの親たち……、地域性だとか、経済、文化、歴史、伝統、今までに受けてきた教育、世の中のふんいき、学校、学級のふんいきにまで密接につながっているようである」（「教科の論理と生活の論理」『現代教育科学』一九六〇年六月号、五三頁）。

このように「生活の論理」は、子どもの生き方の根底をなし、一人ひとり違うものだが、東井はこれを「教科の論理」（学問の論理をふまえた教科の系統性）を教えるための「参考」にする程度のものではないと主張している。つまり、あくまで「生活の論理」がベースなのである。さらに、子どもたちがそれぞれの「生活の論理」を磨きあうことで、客観性のある論理も発展するという。

もちろん、「生活の論理」さえしっかりしていれば、「教科の論理」は必要ない、と言っているのではない。東井は、戦前の子どものなかに「臣民感覚」を感じたとき、子どもの実感にもとづいた指導をしようとして、自ら進んで戦争協力の教育を行ってしまったというつらい過去をもっている。つまり、ただ単に子どもの「生活の論理」に根ざすだけでは、狭い価値観に閉じこもってしまい、未来を切り拓く力を育てることはできないと、身をもって知っていた。だからこそ、「自己の『真情』に対してだけでなく、相手の『真情』をも『理知』に照らして一応の認容が出来るような、『理知』を育てられる「教科の論理」の必要性を主張した（「私の『いのち』の思想について」『教育』一九五九年四月号、七四頁）。東井はこのような「教科の論理」について、「ほとんど未開拓」（『東井義雄著作集』第一巻、明治図書、一九七二年、二六九頁）だと考え、学者にまかせきりにせず、実践家の立場からの追求をめざしたのである。

このような主張の背景には、経験主義教育を批判し、学問の系統性重視へと大きく転換していく日本の教育に対する東井の危機意識があった。とりわけ、一九五〇年代半ばから六〇年代にかけては、能力主義の教育観が隆盛を極め、学力テストが横行し、教育内容の国家統制が強まっていた。このなかで東井は、「生活の論理」と「教科の論理」を対立的にとらえていては「生きて働く学力」は形成できない、むしろ「生活の論理」を基盤としてこそ「教科の論理」が確かなものとなることを示していったのである。

たとえば、一九五八年改訂の小学校学習指導要領国語科編について、東井は高学力育成をめざすはずの「系統化」の質という点から批判している。というのも、三年生の国語では「読むために必要な文字や語句を増すようにする」とあるが、四年生では「……いっそう増すようにする」となるだけである。これではあまりにお粗末な「系統化」ではないか。もちろん、「生活の論理」とも乖離《かいり》しており、子どもの主体性も育成できない。総じて、このような学習指導要領では、高い学力を保障できるとは言いがたいと喝破した（「『国語の力』のとらえかたと評価の問題点」『教育科学・国語教育』一九六〇年三月号）。

また、学力テストが席巻し、表面的な正答だけを追い求める風潮が強まるなかで、そのような評価は「無駄」であると断言し、「もっと『×』を大事にし、『×』が生まれてきた論理に目をむけ、それを正しく評価すること……、現に今も『×』ではあるが、はじめの『×』とはどんなふうに変り、どんなふうに高まってきたかに、不断の注目を送るということ」を主張した（「評価における無駄」『現代教育科学』一九六二年五月号、八〇頁）。

こうして東井は、自らの実践を通して「生活の論理」と「教科の論理」を結ぶ授業を創出していった。たとえば、どうして頻繁に除草をしなければならないのかという子どもの生活上の疑問から出発して、「雑草のふえかたの研究」をさせた実践がある。これは、雑草の増える速度を子どもたちに計算させるものだが、単に計算の習熟を目的にしているわけではない。一定の広さの畑に、ある雑草が何本くらい生えているか、一本の雑草からタネがおおよそいくつ落ちるか、タネが落ちるまで何日間か、それが育つのに何日間か、まず観察させる。それらの観察結果をもとに計算させる。そして、どのくらいの頻度で畑の除草を行わないと、雑草がはびこってしまうのかを認識させるのである。子どもたちは、畑この研究を通して、驚くべき速さで雑草は増えること、だからこまめに除草しないと、畑が雑草だらけになってしまうという、生活ではよく知っている事実を、あらためて理知の目を通して理解していく。このようにして学んだ子どもたちは、その後も、経験や勘だけで決めつけることなく、観察や論理的思考を踏まえて、生活を改善するようになる。

このような学力形成が可能となったのは、東井の確かな授業方法があったからこそである。東井は、板書法、学習帳（ノート）活用法など、授業の鍵となる技術について多数発言している。とくに注目したいのは、子ども一人ひとりの感じ方・考え方を基盤にした「ひとりしらべ―わけあい・みがきあい―ひとりしらべ」という学習形態論だ。これは、集団思考を行う前後に、必ず子ども一人ひとりに考えをまとめさせるというものである。東井は、「ひとりしらべ」を書いたノートに必ず目を通していた。だからこそ、「いなむらの火」のような指導が可能になったのである。子どもの「生活の論理」を出発点にしながら、「教科の論理」を導く授業は、実践家としての入念な準備と確かな技術が支えていたのである。授業を通して、子どもの「生活の論理」を太らせる「教科の論理」が発明されるという東井の実践は、学者では困難な新しい「教育学」の探求に、実践家の立場から挑戦したものだともいえるだろう。

家庭、地域との連帯をめざして

さて、東井は村を育てる学力について、学校と家庭、地域が連帯してこそ身につくととらえていた。学校での指導を家庭や地域に理解してもらうこと、また家庭や地域から学校に意見を出してもらうことがなければ、結局、学校で学んだことは、学校のなかだけでしか役に立たないと考えた。このため、学校通信を積極的に発行し、保護者だけでなく地域の人々にも配布し、皆に発言してもらえる通信としながら、学校の役割を探求していった。時には学校の方針に反対する住民もいたが、その発言も受け入れながら、じっくりと話し合いをすることで、住民から信頼をよせられる学校となっていった。

さらに注目したいのは、通知表改革である。通知表は本来、保護者や子どもに、学校で何が身についたか、今後は何を学ぶべきかについて、共に考え、連帯するための材料を示すという重要な役割をもっている。それなのに、従来のものは、何を学んだのかまったくわからず、学校と保護者や、保護者と子どもの信頼関係を壊していた。そこで、東井は、全教員の協力のもとで「生きて働く学力」を形成する評価について研究を行い、「何がどのように身についたか」がわかる目標準拠評価型の通知表を作成した。さらに、知識・技能の習得を評価するだけではなく、子どものがんばり、努力といった「態度」を評価することこそが重要であると主張したのである（『「通信簿」の改造』明治図書、一九六七年）。

東井が「態度」を重視したのは、皮相な知識・技能だけの評価に対する批判の具体化であったと同時に、受験戦争のなかで見られがちな利己的意識の排除を子どもたちに徹底するためでもあった。そして何よりも、「村を育てる」ために自らの力を発揮することの重要性を伝えるためであった。というのも、貧しい封建的な村では、「生きて働く学力」を形成してもなお、村から逃げ出したくなることもある。そのような厳しい現実のなかだからこそ、身につけた学力を村のみんなのために生かす「態度」が形成されなければ「村を育てる学力」とは言えないと考えたのである。ただし、この「態度」重視については、学力形成に失敗した場合、「心がけが悪いためである」と、子どもに責任を押しつけることにつながるという批判も受けた（中内敏夫「学力のモデルをどうつくるか（下）」『教育』一九六七年一〇月号）。この批判は、現代の評価論でも検討していくべき課題だろう。

このように、村への愛を育てつつ、「生活の論理」から「教科の論理」を主体的にわがものとするという構造をもつ「村を育てる学力」を支えるのは、東井の「いのちの思想」である。「いのちの思想」には、浄土真宗僧侶でもある東井の他力本願思想が流れている。

この「いのち」とは、人間の心や生物的生命を根本のところから支え、包むものだという（『子どもを伸ばす条件』明治図書、一九六〇年、三八頁）。東井は、「いのち」の全面的受容によってしか教育は成立しないと考えていた。この「いのちの思想」に対しては、教材も政策も全面受容することにならないかという批判も受けたが、東井が教材や学習指導要領を注意深く検討したことは前述のとおりである。また、「いのちの思想」に根ざしたからこそ、貧しい村も、どんなにできない子も、学校の方針に反対する住民も、そのまま受け入れ、結果として地域を育てる学校、学校を育てる地域という関係を形成することが可能となったのであろう。

その後、東井自身は、多くの教え子が離村し、過疎化が進行する村の現実を目の前にして深く悩み、自らの教育の敗北宣言を行った（「再び『村を育てる学力』をめぐって」『現代教育科学』一九七五年七月号）。しかし一方、東井の教え子たちは、たとえ村を離れても、決して村を忘れない人物、「どんな場合にも下位集団から決して抜けないリーダー」となっていると高く評価された（「大衆の思想」一二一頁）。また、東井の実践は、子どもの生活を重視する立場からの授業研究、通知表改革の先駆けとなり、その後の日本の教育に大きな影響を与えている。経済格差、学力格差が広がりつつある現代において、あるべき未来を照らし出そうとするとき、東井の主張はいよいよ輝きをますだろう。今こそ、「生きて働く学力」を形成する授業づくりを探究すべきときである。

BOOK GUIDE ④

地域に根ざした教育のあゆみ

地域に根ざした教育を行う努力は、戦前から行われてきたが、本格的に取り組まれるのは戦後のことだ。戦後初期には教育内容に関する学校自治が認められたため、独自のカリキュラムが多くつくられた。なかでも地域教育計画は、教師や研究者による改革にとどまらず、住民を計画の主体と位置づけるものであった。「川口プラン」（埼玉県）、「本郷プラン」（広島県）などが有名である（大田堯『地域教育計画』福村書店、一九四九年。『海後宗臣著作集』第六巻、東京書籍、一九八一年）。

一九六〇―七〇年代には、教育行政が国家主導型になった。それに対する疑問から住民が中心となった教育運動がおこり、科学と教育の関係が問い直された。詳しくは、奥丹後社会科教育研究会編『地域に根ざす社会科の創造』（あゆみ出版、一九八二年）、「いなべの土のなかの教育」研究委員会・三重県員弁郡教職員組合『いなべの土に根ざす教育』（あゆみ出版、一九八四年）などを読んでほしい。

一九八〇年以降には、教師主導型を脱却し、学校と住民が対等にかかわり合う教育改革が現れる。佐伯胖ほか編『学校の再生をめざして』（全三巻、東京大学出版会、一九九二年）、岸裕司『「地域暮らし」宣言』（太郎次郎社、二〇〇三年）、手島勇平・坂口眞生『学校という〝まち〟が創る学び』（ぎょうせい、二〇〇三年）などが興味深い。地方自治体からスタートし、住民を巻き込んで地域全体の教育改革を進めようとする福島県三春町や高知県、愛知県犬山市、埼玉県志木市の試みも登場している。教育特区、学校評議員制度などの特色ある学校づくりが進行中だが、子どもと住民が主人公になる改革を求めたい。

5　斎藤喜博と授業の創造

――子どもと教師を変革する授業の展開――

授業が子どもをつくる

一九五〇年代から六〇年代にかけ、学校の日々の営みである「授業」のあり方をひたすら追求し、全国の学校および教師に「授業」のもつ可能性を示した実践がある。一九五二年から一一年間におよぶ群馬県佐波郡島小学校（以下、島小）での斎藤喜博《さいとうきはく》の実践である。作家大江健三郎をして「奇蹟にみちた教室」といわしめた同校には、当時一万名以上の参観者が訪れた（大江健三郎「未来につながる教室」『文藝春秋』一九六二年七月号）。「授業が子どもをつくる」ことに真正面から取り組んだ斎藤の実践とその理論は、現在の日本における授業論や授業研究の出発点となった。次にあげる実践例には、授業のなかで子どもがいきいきと変化していく様子が描かれている。

……三年の国語の教科書に、つぎのような文章がある。

あきおさんと　みよ子さんは　やっと　森の　出口に　来ました。ふたりは
助け合いながら　やっと　家が　見える　所まで　来ました。つかれきって　速く　歩く　ことが　できません。

この文章のところで「出口」ということばが問題になっていた。子どもたちは「出口」を、森の終わった最後のところ、すなわち、森と、そうでないところとの境になっている一点と解釈していた。それもまちがいない一つの解釈だった。

私は、それに対して反対の解釈を出した。そういう最後のところではなく、ふたりは、境界線の見えるところまできたとき、出口にきたといったのであり、出口というのは、もっと広い範囲をさすのだといった。

子どもたちは、私の解釈を聞くと、怒ったようにして立ち上がり、猛烈に反対した。「そんなことはない」といって、手を動かしたり、図に書いたりして自分たちの主張を説明した。

そこで私はまた自分の意見を出した。「みんながいっしょにならんでよそへ出て行くとき、どこまで行ったら島村の出口へ来たというのだろうか。島村と、となりの村

との境には橋があるが、橋の出はずれのところへ行ったとき、出口へ来た、というのだろうか、それとも、遠くの橋が見えて来たとき、出口へ来たというのだろうか」といった。

私が、こういうのといっしょに、子どもたちは、「あっ、そうだ、わかった、わかった」といった。「そうだったんだ、それがわからなかったんだ」という子どももいた。「先生の方がほんとうだ」という子どももいた。［中略］

ここでも子どもたちは、「出口」ということばに対する自分たちの認識を拡大深化させたのだった。自分たちが持っているのとは別な、創造の世界に自分たちの認識を引き入れられたのだった。そういうことに子どもたちは喜び満足し、「そうだったんだ、それがわからなかったんだ」という、充足しきった、喜びの声を出したのだった。

（斎藤喜博「未来誕生」『斎藤喜博全集』第四巻、国土社、一九六九年、二七四―二七六頁）

この実践例には、斎藤の授業観、教師観、子ども観、授業の技術などが余すことなく含まれている。次節以降、この授業をもとに斎藤の授業論をみていくことにする。その前に、まずは簡単に斎藤の経歴と当時の社会状況をつかんでおこう。

斎藤喜博の授業論の背景

一九一一年に生まれた斎藤は、一九三〇年群馬師範学校を卒業し、一九歳で玉村尋常高等小学校に赴任する。同校は宮川静一郎校長のもとで、奈良女子高等師範学校附属小学校の木下竹次の「合科教育」による教育実践に取り組んでいた。この間の教師経験が、斎藤の教育論、すなわち授業そのものに焦点をあてる教育論に大きな影響を与えたのである。

一九五二年に斎藤が校長として島小に赴任すると間もなく、日本の教育は、教育委員の公選制から任命制への転換（一九五六年）、学力テストの実施（一九五六―六六年）、勤務評定の実施など学校の体制や教育の内容を規制・管理する方向へと向かい、教育の官僚主義化、中央集権化が強化された。教育実践においても、問題解決学習対系統学習の論争を経て、一九五八年の学習指導要領改訂により、教科の系統性へと力点が置き換えられた。いわゆる教育の現代化へと大きくシフトしていくころにあったのである。

このような時代のなかにあって、斎藤は「学校教育の中核となるものは、どこまでも授業という仕事である」と主張しつづけた。それは、一教師として、一校長として、常に学校現場での「授業」実践にこそ、教育の真実があると考えていたからにほかならない。授業のもつ可能性、授業によって子どもを変革する可能性を追求することに斎藤は生涯を捧げた。このような斎藤の立場は、子ども中心主義の新教育とも、生活綴方教育とも、教科の系統性を重視する立場とも違う。業の現実に真正面から取り組むところから斎藤の授業論ははじまるのである。

よい授業とは何か——「介入授業」と「ゆさぶり」

よい授業とは教師、子ども、教材の相互作用によって構成されるものであり、子どものもつ可能性を最大限に引き出し拡大していくものだと斎藤はくり返し言う。また教師にとっても「創造と発見の喜びを与え、……教師や子どもを、つぎつぎと新鮮にし変革させていくものである」と言う（『授業』国土社、一九九〇年、一七頁／初版一九六三年）。

では先の実践の特徴を具体的にみていこう。第一に、これは島小では普段の光景、しかしながら一般の小学校では現在でもあまり見られないと思われる、いわゆる「介入授業」の様子を示している。介入授業とは、別のことばでいえば、「横口授業」、すなわち授業者以外の者がその授業に対して横から口を挟みこんでいく形態の授業である。この実践例で横口を出しているのは斎藤であり、授業者は別にいる。

授業の参観者が横から授業に口を出す。このような行為は、実際のところ学校においてはタブーである。参観者がいきなり口を挟むようなことがあれば子どもたちもとまどうところが大きく、また授業者への信頼が損なわれるかもしれないからだ。しかし、斎藤の指導下にあった島小では、そのような教師間あるいは子ども・教師間の信頼関係が壊されることはなかった。それは、斎藤が学級王国を嫌い、子どもたち一人ひとりを学校教職員全体で育てていくという方針を立てていたからにほかならない。それが徹底していたからこそ、島小の教師たちは日々の授業を公開し、それを見にきた斎藤のために子どもたちも「ここに座っていいよ」と自分の席を少し空けて迎え入れたのである。

　斎藤がこの「介入授業」で何よりも教師に示したかったことがある。それは、「出口」を「一点」とする子どもたちの解釈が固定化していることである。斎藤は、子どもの実態に対応できる教師の深い教材解釈が必要だとくり返し説く。それをこの実践で考えてみると、子どもの考えが固定化してきていると感じるためには、教師の「出口」に対する深く多様な解釈が必要だということになろう。この授業をこのように「介入された」教師の側からみれば、それは実地で行われた教師教育といえよう。このような雰囲気を日常のものとすることで、子どもを学校全体で育てることを授業から実行していった斎藤の教育論には、教師集団づくり、学校づくりというマクロな論理を見いだすことができる。

　さて、この実践を子どもの側からみると、子どもたちにとって、それは「ゆさぶり」であった。「ゆさぶり」とは、子どものあいまいな知識や考えに対して教師が反駁《はんばく》や否定を行い、子どもに新しいものをつくりだしていくための授業における教師の働きかけの一つである。前記の実践例では、子どもたちの「出口」解釈を否定するところがそれにあたる。斎藤自身が「「子どもたちの解釈も」まちがいない一つの解釈だった」としているにもかかわらず、なぜこのような「ゆさぶり」が必要だったのだろうか。

結論から先に言えば、それは「子どもを変革する」ためである。斎藤の「そんなところは出口ではない」という否定の言葉を契機に、「出口」の解釈は学級全体に投げかけられた「問題」となった。子どもたちの葛藤の様子は、まさに集団思考の様子である。「どよめきと、静止の状態と、渦巻きとをくりかえし、循環しながら、上昇発展し、つぎつぎと新しい解釈や発見や創造を、学級のなかに、また教師やひとりひとりの子どもの心のなかに生んでいく」過程である（同右書、七一頁）。そして子どもたちの斎藤に対する反論がおおかた出終わったであろうときに島村の境の例を出し、子どもたちはそれと同時に「出口」に対する新しい解釈を獲得した。「ゆさぶり」の結果、授業で子どもたちは深く新しい認識と出会い、自分を変革するような経験をしたのである。

斎藤は言う。「授業とか指導とかは……、真理とか正しさとかを持っている……教師と、小さいながらも真理とか正しさとかを持っている……子どもとが、学級という集団のなかで相互にそれぞれの思考や論理を出し合い、激しく衝突しあっていくものでなければならない。そういう作業のなかで、お互いの論理や思考を否定したり、そのことによって他の世界に移行していったり、拡大していったり、新しいものを発見し、自分の人間全体をその世界に入れていったりするものでなければならない」と（同右書、二〇頁）。

では、そのような授業をよりミクロな視点である授業の技術に焦点をあててみていこう。

「定石」のもつ意義――「○○ちゃん式まちがい」

島小の教師たちは、もともと特に優れた教師集団であったわけではなく、ごく普通の教師たちであったという。そんな彼らの取り組み、熱意に支えられた授業のなかから精製された授業の技術がある。

斎藤はよく「授業の展開」という言葉を使う。それは、子どもの実態に寄り添った教材研究を媒介にして、教師が授業のなかで子どもを、そして教師自身をも変革していくその過程を示すことばである。「授業の展開」には一つの方法があるわけではなく、子どもや教材のその時々の状態によって無数の展開がある。しかしながら、その無数の展開のなかにも、現実の問題に即して少なからず法則や原則が生まれてくることもまた授業の事実である。それを斎藤や島小の教師たちは「定石」と呼び、他の教師にも他の教科指導にも使える方法とした。前節で示した「ゆさぶり」も「定石」の一つである。

ここではもう一つの「定石」の例として「○○ちゃん式まちがい」を取り上げる。「○○ちゃん式まちがい」とは、あるつまずきをした子どもを取り上げ、その子どもがどこでどうしてつまずいたのか、その道筋や原則を考えることによりつまずきの共有化をはかることである。その後同様の間違いが起こった場合にも、「○○ちゃん式まちがい」を適用していくことができる。次に示すのは「○○ちゃん式まちがい」を生み出した授業の様子である。授業者は、島小の教師であった船戸咲子である。

船戸は受け持つ四年生の算数の授業で、二桁のかけ算の学習のときに乗数が二位数になるときは二段に分けて計算することにつまずいている「さかえちゃん」に気がつく。またさかえちゃんと同じまちがいをしている子どもが数人いることにも気がつくのである。そこで船戸はこのさかえちゃんのまちがいを、みんなの問題にして考えていこうとした。以下は、さかえちゃんの12×12の計算の仕方を見た子どもたちのやりとりの様子である。


「さかえちゃんは、この前やった24×40みたいのやり方と、おなじように考えているのではないのですか」

「ちがいます。24に40をかけるやり方でしても、さかえちゃんのようにはなりません」

［中略］

これをきいた、さかえちゃんは、教科書をめくりながら出ていくと、

「前にならった、46ページの90×70のところでやったのと同じにやりました」といいました。


つまり、さかえちゃんは本来ならば二位数であるが、90×70の0を省略して一段で計算

資料1　「○○ちゃん式まちがい」

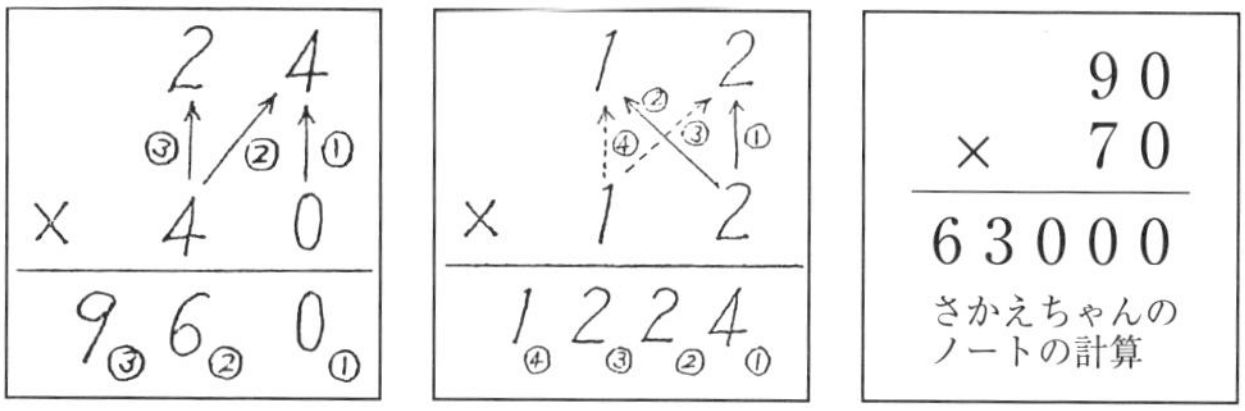

【出典】斎藤喜博「未来につながる学力」『斎藤喜博全集』別巻1、国土社、1970年、235－237頁。右の二つはさかえちゃんのまちがい。左は他の子どもが示した正しい式。

する仕方と12×12を同じととらえていたのである。さかえちゃんが90×70の時点でつまずいていたことに気がついた船戸は、12×12と90×70の計算のちがいをもう一度指導しなおした。この授業の子どもたちの様子を斎藤は次のように総括している。

……船戸さんが、

「これは『さかえちゃん式まちがい』だね」

と愉快そうにいって、すばやく子どもたちの反応をみました。……子どもたちの目は……柔らかに光った目でした。さかえちゃんも、はずかしそうな、でもちょっと嬉しそうな顔で笑っていました。……さかえちゃんにとって、それはいやなまちがいであったはずなのに……さかえちゃんもほかの子どもたちも、「さかえちゃん式まちがい」を、自分たちで創り出したものででもあるかのように感じて、喜んでさえいるようだ――。

（斎藤喜博「未来につながる学力」『斎藤喜博全集』別

巻一、国土社、一九七〇年、二二三七―二二三八頁）

この「定石」には少なくとも次の三つの意義が考えられる。

第一の意義は、ある子どものつまずきの法則性を学級全体で探究することによって、子どもの集団思考を高める役割を果たすことにある。すなわち、つまずきの要因をつまずいた子どもにだけ帰する問題としてではなく、学級全体の問題として探究できるのである。つまずいた子どもにはつまずくだけの論理がある。そのつまずきを解明していく道筋において、つまずいた子どもは正しい認識を、そのほかの子どもたちは自分の考えをつまずきと照らし合わせることによって、より深い認識に到達することができる。

第二の意義は、子どもたちが相互理解を深め、さらにはつまずいた子どもの考えに寄りそうことによって、できない子どももできる子どもも等しく授業に参加し、相互に刺激しあう関係をつくりだすことができることにある。「『さかえちゃん式まちがい』を自分たちで創り出した」かのように喜ぶ子どもたちの姿は、つまずきを意識的に価値づけるような授業の蓄積が、民主的な学級、自立的な学習集団づくりとなっていく証しでもある。

第三の意義は、「〇〇ちゃん式まちがい」が、その単元あるいは一時間の授業において形成的評価の役割を果たすことである。これによって、教師は学習者の状態を把握でき、その子どもに対する回復指導、補充指導を行ったり、あるいはまた授業計画を改善することができる。

ここにあげた「定石」は、教師の数だけ、また授業の数だけ無数にある授業の展開のなかに、子どもを変革する契機が必ずあることの証明である。ただしこれらの方法は、明日から使える安易な教材パックや授業の法則などとは一線を画す。教師の授業を何よりも大切とする日々の実践の蓄積においてのみ有効な方法である。なぜなら、「介入授業」を合意する教師集団の形成、「○○ちゃん式まちがい」のように子どものつまずきを教師も子どもも受け入れることができる学級集団の形成が前提となっているからである。そして、授業においては、教師の多様で深い教材解釈が前提となる。それには、正答のみを拾い上げていく固定化した授業観から、つまずきを学級全体の問いとして引き取ることができる授業観への変革が必要となる。すなわち、教師は自らの授業を通して、またそこであらわれる子どもの現実を通して、常に自分自身を変革することに躊躇《ちゅうちょ》してはならないのである。

学校と教師の役割が途方もなく拡大し、要求されていく現代にあって、私たちは学校教育の本質は何か、教師の役割は何かを問い直すことをせまられている。そのとき、教育実践の基本である授業という日々の営みのなかから、教師がどのように働きかけ、それによって子どもの可能性をどこまでのばすことができるのかということを究極的に問いかけた斎藤の姿勢に学ぶ意味は大きい。教育にたずさわる誰にとっても、今一度斎藤の実践をみることを通して、教育実践のあしもと、すなわち授業に立ち返ることが求められている。

BOOK GUIDE ⑤

授業研究の蓄積に学ぶ

島小の実践記録には、本文に引用した本のほかに、「島小の授業」『斎藤喜博全集』別巻一（国土社、一九七〇年。初版は一九六二年）や、武田常夫『真の授業者をめざして』（国土社、一九九〇年。初版は一九七一年）がある。

一九六〇年、授業の実際からの教授学を樹立するために、斎藤喜博と吉田章宏、稲垣忠彦、柴田義松らは、教育科学研究会に教授学部会を発足させる。その成果が斎藤喜博ほか編『教授学研究』（全二〇巻、国土社、一九七〇―八〇年）である。現在ではそのあゆみを、吉田章宏『学ぶと教える』（海鳴社、一九八七年）や稲垣忠彦『授業研究の歩み一九六〇―一九九五年』（評論社、一九九五年）で知ることができる。教授学部会はその後「教授学研究の会」となる。同会代表である横須賀薫編の『授業研究用語辞典』（教育出版、一九九〇年）は、斎藤の授業論を基礎にして編集されたものである。

なお、斎藤と同時期の授業論として、林竹二の仕事にも注目しておきたい（たとえば、林竹二『授業・人間について』国土社、一九九〇年。初版は一九七三年）。

斎藤以降、授業実践の現実から学ぶ授業研究がブームとなるなか、授業研究の類型化を試みた馬場四郎編『授業の探究』（東洋館出版社、一九六五年）は、当時の授業研究のひとつの到達点である。また日本教育方法学会編『戦後教育方法研究を問い直す』（明治図書、一九九五年）では、これまでの授業研究のあゆみの成果と教訓を明らかにしている。

さらに教師の技を身体論から説いていこうとするものに、齋藤孝『教師＝身体という技術』（世織書房、一九九七年）がある。

第2章

学力と自治の保障を求めて

楊枝を教具にして「確率」を学ぶ（仲本正夫提供）

1　遠山啓と水道方式

——算数は誰にでもわかる——

二桁のたし算をどう教えるか

あなたなら二桁のたし算をどのように教えるだろうか。教える相手は、6＋3のような一桁どうしのたし算を習得済みの小学生である。もっと具体的に考えてみよう。あなたなら、32＋6、30＋40、36＋42のどれを最初に教えるだろうか。ある人は、加える数が一番小さい32＋6を最初に教えるのがよいというかもしれない。またある人は、3＋4という一桁どうしのたし算を利用して答えの出せる30＋40を選ぶかもしれない。

ここで取り上げる「水道方式」では、36＋42を最初に教えるのがよいとされる。水道方式とは、数学者の遠山啓《とおやまひらく》らが開発した、小学校での計算指導の体系である。以下、水道方式にもとづいた二桁のたし算の指導場面を紹介しよう。

次に示すのは、水道方式にもとづく算数教材『わかるさんすう』（むぎ書房、一九六五年）の指導手引書にある指導例であり、小学校一年生に対して、二桁のたし算をはじめて教える場面である。教師は、「おとうとははなを36、わたしは42つみました。あわせていくつでしょう。」と課題を提示し、わかっている数値や求めたい事柄を子どもに確認しながら立式（「36＋42」）へと導く。そのうえで、次のような計算指導を展開する。

T「では、この計算のやり方を考えよう。計算はたて書きでするんだったたね。この式をたて書きになおすと、どう書けばいいかな？　多分こう書くんじゃないかと思う人は、それを黒板に書いてください。」

子どもたちは自分で考えたのをいろいろ書くでしょう。そこで、どれがいいか、タイルでたしかめます。3本6個と4本2個のタイルを子どもが書いた数字の上におくて、どれが合併しやすいかで判定します。こうして位取りをそろえて書くのがもっともたし算をしやすいことに着目させ、たて書きの書き方は加えられる数を上に、加える数を下に、位取りをそろえて書くことをおさえます。これに右図［次頁］のように位取りのワクを書くと、さらにわかりやすいでしょう。

つぎは答の求め方です。子どもたちに3本6個、4本2個のタイルを位取りの台紙の上にならべさせて、答の求め方を考えさせます。

T「さて、これから、このたし算の答を出すんだけど、やり方をタイルで考えよう。どう計算したらいいだろう。自分のタイルを使って答を出してごらん。」

子どもたちに自由にやらせ、答の求め方を発表させます。

C「3本と4本で7本、6個と2個で8個、だから78です。」

C「6個と2個で8個で、3本と4本で7本でしょう。それで78です。」

などの考えを発表するでしょう。そこで、

T「2けたのたし算では、さきに一の位のたし算をして、つぎに十の位のたし算をして、答を出します。十の位からさきにたすと、これからやるくり上がりのある計算がめんどうになるからです。これからやる2けたのたし算は一の位からさきにたすようにしようね。」

と約束し、その手順で子どもたちにもう一度タイルで$\begin{array}{r}36\\+42\\\hline\end{array}$の計算をやらせます。こうして黒板に$\begin{array}{r}36\\+42\\\hline\end{array}$の問題を書き、その上にタイルをはり、前図［左図］のように操作してタイルの計算を数字の計算に結びつけます。

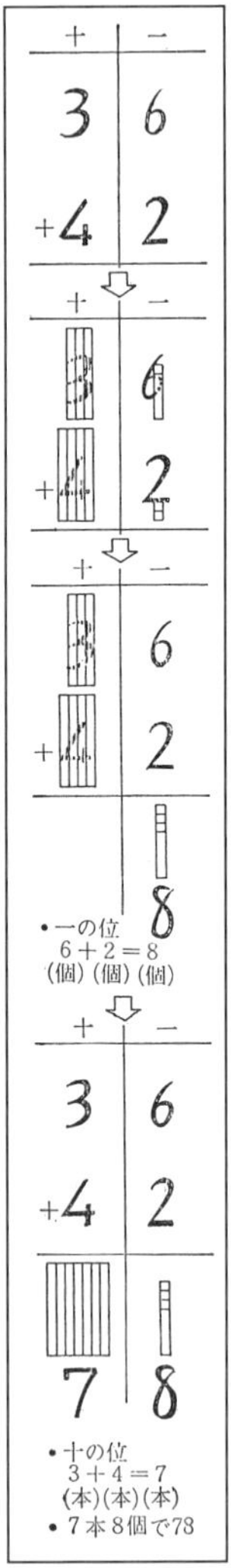

（遠山啓・銀林浩編『わかるさんすうの教え方1』むぎ書房、一九八五年、二七六―二七七頁）

こうして、36＋42（被加数、加数ともに0を含まず、かつ繰り上がりがない）を教えた後、30＋40（0を含む）、39＋28（繰り上がりがある）の順に教え、最後に、32＋6（欠位がある）を教える。なお、32＋6を教えるときには、下図のように欠位のところに0を書き加え、10のタイル0本、1のタイル6個というかたちで、加数6を意味づける（同右書、二八六頁）。

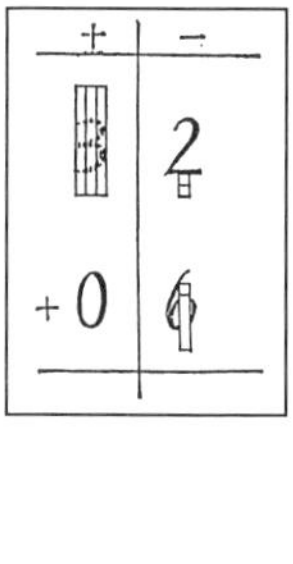

「算数の急所」をじっくり教える

この水道方式にもとづくたし算の指導方法に対しては、疑問を感じる人もいるだろう。「なぜ36＋42を最初に教えねばならないのか」「なぜタイルを使うのか」。

まず、第一の問いについて考えてみよう。「なぜ36＋42を最初に教えねばならないのか」、その理由は、36＋42が最も「一般的」だからである。ここで言う「一般的」とは、ある概念の基本的な特徴をすべて備えており、それをつかむことで他の場面も統一的に把握できるという意味である。たとえば、クジラよりもウマのほうが哺乳類として一般的であるし、二次方程式の解法としては、解の公式のほうが因数分解よりも一般的ということになる。

この考え方を冒頭で示した三種類のたし算に当てはめると、36+42が最も一般的ということになる。たとえば、30+40で導入された場合、子どもは「十の位を加えて0をつけておく」という方法を覚えるだろう。また、32＋6で導入された場合、子どもは「一の位は加えて、十の位はそのまま下ろす」という方法を覚えるだろう。いずれの方法も、36+42のような問題と出会ったときに修正を強いられることとなる。その時点で子どもは混乱し、何人かはたし算がわからなくなる。

これに対し、36+42を通して身につく「位ごとに加える」という方法は、他の二つの計算場面にも適用できる。ゆえに、この方法さえ身につけていれば、二桁のたし算のすべての問題を解くことができる。この「位ごとに加える」という方法で指導を一貫させるために、例示した計算指導では、筆算にワクを書いて位取りをそろえることを強調し、欠位のある32＋6については32+06として教えていたのであった。

次に、二番目の問いについて考えてみよう。水道方式にもとづく計算指導では、数概念や四則演算の意味を理解させるためにタイルという教材を用いる。その理由は、筆算という計算方法の原理と関係している。

筆算を使うと、たとえば36+42は、一の位で6＋2、十の位で3＋4という具合に、各位ごとに一桁のたし算を行うことで答えが出る。このように筆算では、一桁どうしの四則演算と、数字の書いてある位置により値の違いを表現する「位取りの原理」さえ身につけていれば、論理的にはすべての計算ができるようになっている。

一桁どうしの四則演算はそれほど難しい内容ではない。だが、10を1と見る十進法や、数字を書く位置で値の違いを表現する位取り法は、子どもたちにとって非常に抽象的で高度な思考法である。それゆえ、11を101（じゅう・いち）と誤って書く子どもが出てきたりする。この位取りの原理を具体的に感覚的にとらえさせるうえで、タイルが有効である。

正方形のタイルは、それを10個連結することで1本の長い棒になり、さらにそれを10本横につなぐと1枚の広い正方形の板になる。前にあげた指導例では、たとえば36という数は、「3本6個」のタイルで、すなわち、長い棒3つとバラの小タイル6つで表されている。こうして、タイルを使うと、10や100を一束としてとらえやすく、かつ同じ3＋4の計算でも3＋4「本」と3＋4「個」では大きさが違うことがはっきりわかる。他の教材ではこうはいかない。円形のおはじきや計算棒では10や100を一束と見ることは難しい。また、子どもにとって馴染み深いお金は、10円の銅貨を10枚集めると100円の銀貨と同じだという関係を一つの規約として覚えなくてはならない。以上のように、タイルは位取りの原理を最も忠実に表現する教材なのである。

ここまでで説明してきた内容こそが、実は水道方式の要点である。まず、一桁どうしの計算と位取りの原理という、筆算の前提となる内容（素過程）の習熟を図る。そのうえで、素過程の結合体として複数桁の計算（複合過程）を教える。さらに、複合過程を、一般的なものから特殊なものの順に教える（「一般から特殊へ」）。特に、素過程や一般的な複合過程といった根源的な内容、つまり「算数の急所」については、タイルを操作させるなどしてじっくりと教える。この〈素過程→一般的（典型的）な複合過程→特殊な（退化した）複合過程〉という順序（資料1）による計算指導の体系化の試みが水道方式なのである。

こうした水道方式のシステムを、遠山は都市の水道施設になぞらえて次のように説明している。「水源地もしくは貯水池に当るのは典型的な複合過程であり、……ここをよく押さえておくと後は水が重力によって鉄管のなかを自然に流れて各家庭の台所にくるように計算体系でもほとんど指導を加えないでも退化した複合過程までできるようになるのである」（遠山啓「水道方式の考え方」『教育』一九六一年三月号、一二頁）。これが「水道方式」という名の由来であった。

資料1　水道方式の体系

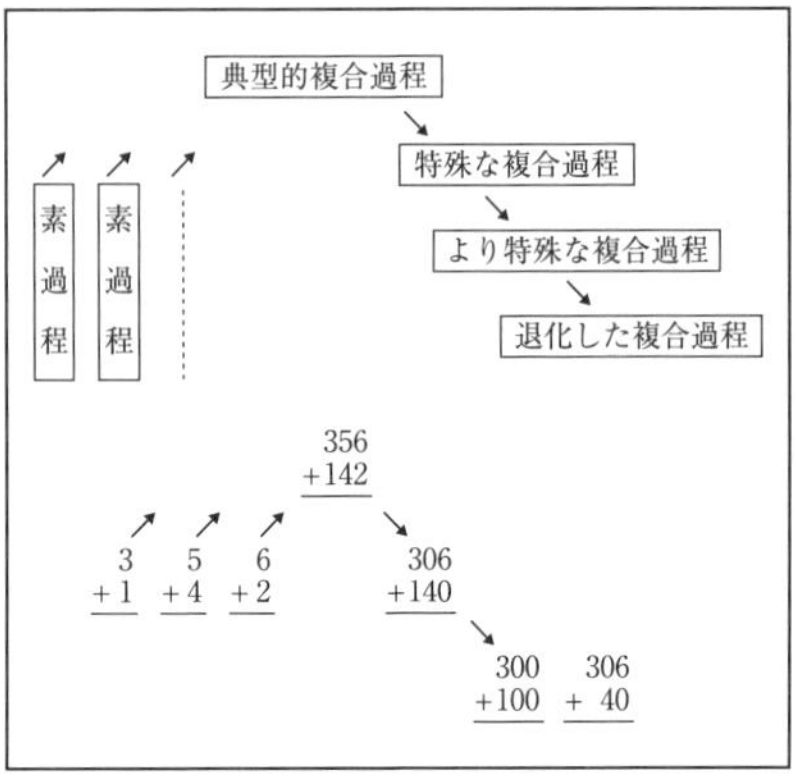

【出典】銀林浩「『水道方式』の生い立ちとその後」日本数学教育学会編『20世紀数学教育思想の流れ（日数教 YEAR BOOK）』産業図書、1997年、172頁。

算数・数学教育の伝統への挑戦

では、この水道方式の計算体系はどうやって生まれたのか。水道方式開発の中心人物である遠山啓のあゆみに即して、この点を考えてみよう。

遠山啓は、一九〇九年、朝鮮の仁川に生まれた。誕生後すぐに郷里の熊本県に帰り、そこで幼年期を過ごした。一九二九年、東京帝国大学理学部数学科に入学し数学者への道をあゆみはじめる。一九四四年、東京工業大学の助教授となり、一九四九年には、学位論文「代数関数の非アーベル的理論」で理学博士となった。その後、算数・数学教育の改革運動に身を投じ、量の体系、水道方式、ゲームを用いた算数授業をはじめ、画期的な提案を数多く行った。晩年は、雑誌『ひと』の創刊、明星学園での「点数のない教育」に向けての取り組みなど、序列主義と競争原理を超える運動を進めた。そして一九七九年に逝去した。

数学者であった遠山が算数・数学教育に関心をもったのは、わが子の算数嫌いの理由を探るなかで、日本の算数・数学教育の現状を目の当たりにしたことがきっかけだった。時あたかも生活単元学習全盛の時代。「住宅」「よい食事」「私たちの貯蓄」などの項目が算数・数学の教科書に並び、教室ではごっこ遊びが展開されていた。

こうした日本の算数・数学教育に対して危機感をもった遠山は、一九五一年、算数・数学教育の改革をめざし、同志とともに「数学教育協議会（以下、数教協）」を結成した。遠山が最初に行ったのは生活単元学習に対する批判であった。彼は、生活単元学習においては、子どもの生活経験を後追いするがゆえに、知識間のつながり（教科の系統性）がばらばらにされている事実を鋭く批判した（遠山啓「生活単元学習の批判」『教育』一九五三年八月号)。その後、一九五八年の学習指導要領改訂と生活単元学習の衰退に伴って、遠山と数教協の活動内容は批判から創造へとシフトしていく。直接的な転機となったのは、新しい算数教科書を編集する仕事に携わったことであった。

教科書編集にあたって遠山らがまず直面したのは、計算練習の方式をどうするかという課題であった。一九五八年の学習指導要領では、三桁どうしのたし算とひき算を二年生までに教えねばならないとしていた。ところが、三桁どうしのたし算だけでも実は八一万通りの問題数がある。その前提である一桁、二桁の計算も含めれば、たし算の問題数は一〇〇万題にも及ぶ。そこでまさか一〇〇万題すべてを練習させろという人はいないだろう。だとすると、無数の計算問題を短時間で効率的に習得させるための方法を考案せざるをえなくなる。

この難題に答えるため、遠山らは内外の算数・数学教育の遺産を総点検した。だが彼らは、納得のいく解答を見つけることができなかった。彼らが教科書編集を行った当時、日本はもちろん諸外国においても、合理的な計算指導の方式は確立していなかったのである。ただ、戦前以来、日本の算数・数学教育が次の二つの考え方の上に成り立っていることは確認できた。一つは、暗算中心の考え方であり、もう一つは、量を無視した「数え主義」の考え方である。そこで、遠山らは、暗算中心ではなく筆算中心の、そして、数え主義ではなく量中心の計算指導の体系を構想することを考えた。その成果として一九五八年に誕生したのが水道方式である。以下、この構想の理論的根拠を説明しよう。

下の位から計算を行う筆算とは逆に、暗算では読み上げられた数詞に従って、上の位から計算を行う。35+14であれば、35に10をたしてから4をたすという具合にである。暗算は、三桁どうしのたし算くらいになると行き詰まり、結局、筆算に切り換えざるを得なくなる。しかも、暗算と筆算では原理が正反対であるため、その切り換えにはかなりの混乱を伴う。それならば最初から筆算のやり方を教え、筆算を中心とした計算体系を打ち立てればよい。こうして「一般から特殊へ」と進む水道方式の計算体系が考案された。

次に数え主義の問題点について説明しよう。数え主義とは、自然数を「前から二番目」のような順序数としてとらえ、1、2、3、…と数を数えることを計算指導の中心に置く考え方である。お風呂場で「50数えたら出ていいよ」と声かけし、子どもに数を学ばせるのがそれである。この数え主義において5+3を計算するには、1、2、3、…という言葉の記憶を頼りに、5の次は6、6の次は7と順に答えを探り、最終的に5から3歩先に進んだところで8と答えを出さなければならない。このやり方では、数を現実世界と結びつけてとらえることができず、計算は抽象的な言葉遊びに終わってしまう。

これに対し遠山らは、自然数を「りんごが2個」のような集合数としてとらえ、ものの多さや広さといった量から数を導き出す立場をとる。量を基本に据えるなら、5+3はりんご5個とりんご3個を合わせる場面として視覚的にイメージされる。先に紹介したタイルは、実は数や計算を量的にとらえる道具として考案されたものであった。生活場面で遭遇する量やそれに対する操作をタイルで置き換え、タイルの構造から数の性質や計算手順を導き出すことで、子どもたちは抽象的な数の世界をリアルに認識できるようになるのである。

「『ドリル』といわれる、とかく盲目的鍛錬主義がはびこる分野に、真の理性の光をあて、子どもたちに真の合理的理解と納得を得させたうえで計算を指導することを可能ならしめたものこそ、水道方式なのだ」（柴田義松「水道方式をどのように理解し、一般化するか」『教育』一九六二年五月号、五九頁）。この柴田義松の言葉は、水道方式の意義を的確にとらえている。

水道方式から引き継ぐべきもの

水道方式の誕生は、当時の日本の算数・数学教育における常識を根底から覆すことを意味していた。加えて、水道方式の生まれた一九五〇年代末は、学習指導要領に法的拘束力が付与されるなど、教育の中央集権化が進行していた時代である。民間の側から学習指導要領を問い直そうとする勢いの遠山らの取り組みへの風当たりは強かった。

しかし、こうした厳しい状況下においても、水道方式は草の根的に教育現場に広がった。約二〇％の正答率の上昇と、約三分の二の時間の短縮をもたらす、という水道方式それ自体の力はもちろん、「子どもたちに賢く丈夫に育ってほしい」という教師や父母の素朴な願いを尊重する遠山の姿勢が、その進展を支えた。そして現在では、学習指導要領や教科書にも、筆算中心、量中心の考え方がかなり取り入れられてきている。

その一方で、水道方式に対して、次のような問題点も指摘されている。水道方式の計算体系は子どもの認識過程の実態を十分にふまえられていないのではないか。タイルの使用は子どもの自由で個性的な思考を枠づけてしまうのではないか。だが、これらの問題点があるからといって、教科の系統性を否定したり教えることを躊躇《ちゅうちょ》したりしてはなるまい。問題点があるなら、新たなカリキュラムのかたちや教え方を発明すればよい。

「何かを教えてみて子どもが受けつけなかったとき、多くの教師は、自分では一歩も動かずに『子どもの頭が悪いからだ』といって、それを子どもの責任にしてしまう。……そうではなく、子どもがわからないのは教える中身と方法がまちがっているのかもしれない、それを研究しようという方向に進んだら、いくらでも改善や発展の道が開けてくる」（遠山啓『競争原理を超えて』太郎次郎社、一九七六年、二三〇頁）。そして、この教育方法の絶えざる改良を通して、算数は誰にでもわかるものとなっていくのである。学歴競争時代、算数・数学が子どもたちを差別・選別する道具として機能している現実のなかで、「算数は誰にでもわかる」と訴え続け、その実現に向けて大胆な改革を推し進めた、その遠山の姿勢をこそ、われわれは学ぶべきではないだろうか。

算数・数学教育の展開

戦後日本の算数・数学教育は、遠山啓と数教協を抜きには語れない。遠山については、『遠山啓著作集』（全二九巻、太郎次郎社、一九七八—八三年）を、数教協のあゆみについては、『数学教室』五〇〇号&四〇年記念号（国土社、一九九三年七月）を参照されたい。そして現在、数教協では、学ぶ意味の実感を重視する新たな動きが展開している。その内容は、汐見稔幸・井上正允・小寺隆幸編『時代は動く！ どうする算数・数学教育』（国土社、一九九九年）に詳しい。

数教協以外にも、日本の算数・数学教育には、興味深い取り組みが多数ある。一九六二年、数教協から独立した数学教育実践研究会は、子どもの認識の実態から出発する取り組みを進めている。その成果については、岡部進『算数・数学教育の発想』（教育研究社、一九八五年）が参考になる。

島田茂編『新訂 算数・数学科のオープンエンドアプローチ』（東洋館出版社、一九九六年）にあるような、問題解決学習的な算数・数学授業の方法は、ゆとり教育を背景に、一九七〇年代以降、教育現場に影響を与えつづけている。

また近年、認知心理学者たちも、算数・数学教育に対し実践的な提言を行っている。たとえば、吉田甫『学力低下をどう克服するか』（新曜社、二〇〇三年）では、素朴概念や状況認知の研究をふまえた授業やカリキュラムの構想が示されている。

なお、日本数学教育学会編『日数教 YEAR BOOK』第一—四号（産業図書、一九九五—九八年）には、算数・数学教育の歴史や、内外の新たな研究動向がコンパクトに紹介されており便利である。

2 大西忠治と生活指導

——「班・核・討議つくり」による学級集団づくり——

最初の「班つくり」の「失敗」

「荒れた教室」を目の前にしたとき、教師はどう学級を立て直していけばよいのだろうか。一九六〇年代、この問題に、子どもたちの集団がもつちからに着目して立ち向かった中学校教師に大西忠治《おおにしちゅうじ》がいる。大西の手法は「班・核・討議つくり」と呼ばれ、集団づくりを論じる生活指導論のその後に大きな影響を与えた。大西は、自分の実践の特徴を詳しく紹介した著書として、『核のいる学級』（明治図書、一九六三年）を執筆している。まずはそのなかから特に印象的な場面を紹介してみよう。

大西が学級づくりを始めるにあたってとりわけ重視したのは、「班つくり」である。新しく担任する二年四組の学級びらきにあたって、大西は「奇声と笑い声と無限のカン高いおしゃべり」を発する松田利一に妨害されつつも級長選挙を遂行させ、数日後には班を編成させた。当初、大西は、「班長は……自分の班内の一人一人の班員がけっして不利益を受けないように班員を守るための指導者です。……自分が損をするようなことには決して黙っていてはいけない。班ができたら、どんなことも班単位で協力しあってやっていくようにする。しかし、班に不満があれば、みんなではなしあって班の編成がえをしてもよい」といった基本的な説明をするにとどめ、生徒たちの希望にもとづいて好きな者どうしで班を編成させた。その結果、男女が分かれた班が編成されるのだが、一カ月もたたないうちに問題が起こる。松田利一が女子をからかったり、たたいたりすることに対して、ホームルームで女子が抗議したところ、普段から松田の行為をおもしろがって見ている男子たちが松田に味方して、多数決で「女子が悪い」という結論を出してしまったのである。ホームルームでの討議の最中「コッケイな茶番劇でも見るようにゲラゲラ笑いながら」見ていた教師に対し、直後に職員室で女子たちが詰めより抗議したのが次の場面である。

「あんなムチャを先生は黙っているんですか?」

と、まずヒステリックな声をあげたのは意外にも山田信子だった。

「先生はいったやろ。不利益なことは黙っておるなといったやろ。」

つづいて元木が、これは無表情な声でいった。山田のほうが攻撃的であり、ファイト

があると私は思いながら、

「そうだよ。それで——」

と、わざととぼけてみせた。

「多数決なんか——ムチャと違うんな！」

と山田は切りつけるようにせまってきた。

「じゃあ多数決以外にどうしてきめるの？　もっといいきめかたがあったら、あの時女子から提案したらいいじゃないか、あとでワイワイさわぐより……」

私はまじめな顔つきになりながらそういった。彼らはぐっとつまった。そこでさらに、

「こんな混乱のもとは、実は、みんなが作ったことだということに気がつかないのか？　先生は、一番最初に班をつくったとき、男子女子別々の班にはさんせいできないが、みんながそれでいいと考えて作ったのだからそれに従う——といったこと覚えているか？　それは、こんなような男子と女子のつまらないイガミあいを防止するのは男女が混合の班をつくるほかに方法がないと知っていたからだ。これがもし男女混合の班ならば、松田利一がいる班を批判すればよい。そうすれば、たとえば元木と同じ班にいる男子は、元木と仲がわるくても、よその班に対しては自分と同じ班の者だという気持から応援してもらえる可能性がある。男子に女子が多数決で負けるという

ことは防止できたかもしれないのだ。ところが、女子は女子だけで班をつくりたいと思って、女子だけで固まってしまったのだから、それこそ絶対数が少なく、しかも腕力ではかなわないというきわめて不利な条件で、これからずっと男子全体とたたかっていかないといけないだろう。そんなこと覚悟して今のような班をつくっているのだろう。だとしたら、先生のほうへ怒ってくるのはお角ちがいで、ムシのよいはなしではないのか？　先生は知らんよ。」

私は、最後はことさらきびしい調子で、ほとんど叱りつけるようにいい切った。女子軍はみんなクシュンとして黙った。しかし、やがて、青ざめた顔色の三谷千子が、いくらかおどおどした調子で、

「班がそういう大切な意味があるものだと知らなかったんです。」

といった。

（大西忠治「定本『核のいる学級』」『大西忠治教育技術著作集』第一巻、明治図書、一九九一年、一〇六―一〇七頁）

「班・核・討議つくり」の技術

ここには、大西の実践の特徴のいくつかが示されている。第一に大西は、生徒たちについての情報を詳しく集めている。大西は、学級びらきの前に生徒のリストを検討し、学力、

体格、前の学年で担当した教師のコメントなどから、クラスのリーダーとなる可能性のある者、問題を起こしそうな者の見当をつけていた。学年が始まると、その時々に生徒たちの特徴を注意深く観察する。学級びらきの前、すでに大西は山田と元木が女子のリーダーになりそうだと踏んでいたのだが、引用の場面では、「山田のほうが……ファイトがある」と情報を追加している。さらに大西は、問題となっている生徒や、その生徒と親しい生徒とも積極的に話し合い、「通信ノート」などでも生徒たちと交流するとともに、必要ならば生徒の保護者とも接触した。このように細やかな状況把握が、大西の実践を支えている。

第二に大西は、事前に詳しく説明するより事実から学ばせるという方針を採る。大西の学級においても、教師の指示によって最初から男女混合班をつくらせることはできただろう。しかしそれでは生徒たちに「班」のもつ意味や重要性が理解されない。したがって大西は、「さんせいできないが、みんながそれでいいと考えて作ったのだからそれに従う」と、いったんはあえて「男子女子別々の班」を許し、「男子に女子が多数決で負ける」という問題が起こった後で、その問題を解決するための明確な見通しを与えるのである。引用場面に続いて、大西は、「正義派の男子を説得して」班の編成がえをするようにアドバイスしている。このようなやり方は一見回り道に見える。教師が、間違いのないルールを徹底させればよいではないかと思う読者もいることだろう。しかし大西が相手にしていたのは、「教師の権威」が最初から成り立っていない学級であった。そこで大西は、生徒たち自身の手で自治と規律を築きあげさせようと考えたのである。

そのための方策として、大西は第三に、生徒たちがお互いの行動を点検し統制するやり方を確立していく。最初、級長や班長といったリーダー（「核」）たちは単なる「雑用係」のようであった。しかし大西は徐々に、リーダーは「権威」をもった存在であることを教えていく。生徒たちがリーダーに協力しないときは、リーダーを選んでおきながら協力しないのは不公正だとしかった。同時に、必要な要求をすることは班長の責任だと強調した。たとえば、ある生徒が討議の場や教科の授業でまったく発言しないとき、授業中に不必要なおしゃべりをしているとき、あるいは掃除をいいかげんにしたときなどは、その生徒が適切に課題をやり遂げるよう要求し援助するのが班長の責任だとされた。大西はまた、監督者としての日直制度を導入した。もしある班が適切に機能していなかったら、点検して帰りの会で指摘するのが日直の仕事だった。もし日直が不公平なら、批判するのが学級の責任だった。

第四に、一人ひとりの生徒や集団の成長に伴い、大西は学級のシステムをも変えていった。最初の班は生徒の好きな者どうしで編成されたが、二番目の班は教師が編成した。三番目の班を作る際は班長が最初に選ばれ、班長がメンバーを選ぶという方針が採られた。このことによって、良い班をつくるという班長の責任がいっそう強まった。その後、教師の支援は徐々に後退し、かわってクラスを指導する能力をもった生徒たちが、自分が班長でないときにも班長たちを支援しはじめる。班長とは異なる「核」が存在しはじめるのである。学級での討議においてそれぞれの生徒が自己批判や相互批判をする習慣が確立するとともに、集団を学ぶ場としての「班」は次第に重要ではなくなり、課題別グループへと移行していく。このように、大西にとっての「班」はそれ自体が目的なのではなく、子どもたちに「集団」というものを教えるための技術として導入されたものであった。

班長が班員を選ぶ、生徒たちに相互批判させるという大西の実践は、たとえばどの班長からも選ばれない生徒が生まれる、相互批判が厳しすぎたり甘すぎたりする、といった状況を生む危険性がある。そういった問題に対応するために、大西は必要なら演技をしながら生徒たちに働きかけている。前節の引用場面で大西は、「ことさらきびしい調子で、ほとんど叱りつけるようにいい切っ」ている。しかし生徒たちが陥った問題は、もともと大西自身が予測していたものであった。それでもあえて厳しい態度をとっているのは、班編成をあくまで生徒たちの権利と責任にかかわるものとして理解させるためである。大西は時に生徒に「やめたらいいだろう」などと突き放す物言いをし、生徒の自尊心を刺激して奮起させる。利己的な判断をする生徒に対しては、あえてどの班にも選ばれないような話の流れを作り、自分の責任を自覚せざるをえない状況に追い込む。しかし一方どの班からも選ばれそうにない生徒がいれば、その生徒の力を伸ばしてくれるような班に受け入れられるよう、インフォーマルな場で班長に指示したり説得したりする。さらに学級での話し合いの場面でも、必要に応じてけしかけたり、なだめたりしながら、集団による統制が一人ひとりの子どもにとって適切になるよう調整した。

かくして、大西が究極的にめざしていたのは、学校で教師がもっている権威を生徒たちに委譲していくことであった。生徒たちは教師が集団を方向づけるために用いている技法を徐々に学び、後には教師をも黙らせる迫力で集団を運営しはじめる。さらに生徒たちの自治は、学校全体や地域社会へも広がろうとする。大西の学級から生徒会長に立候補した生徒は、立会演説会で「ぼくらのクラスでは恐ろしいものは、クラスのみんなの力だけだ。だからひとりひとりはけっして誰からもむりなことをされることはない。しかし、この学校の、ぼくのクラス以外のクラスはこうなっているかと思うと、じっとしておれなくて立候補する気持ちになりました」と熱弁をふるっている（同右書、三〇三頁）。

「仲間づくり」論から「学級集団づくり」論へ

では、このような大西の実践は、どのような背景から生まれてきたのだろうか。ここで簡単に大西の略歴を紹介しよう。大西忠治は、一九三〇年、香川県丸亀市に「大工の息子」として生まれた。香川大学在学時に『山びこ学校』を読んで感銘を受け、教師になる決意を固める。一九五三年、同大学を卒業すると、北海道の中学校で教師として働きはじめる。その後一九五六年、香川県の教員採用試験に合格して故郷へ戻り、丸亀西中学校へ赴任。その後二四年間にわたって、香川県の中学校教師として働く。一九八〇年に、筑波学園都市に新設された私立茗渓学園へ中学部長として着任するとともに、全国生活指導研究協議会（全生研）常任委員に就任。一九八三年には筑波大学の非常勤講師となる。一九八五年に茗渓学園を退職して、都留文科大学教授に就任。「学級集団づくり」に関して『核のいる学級』、『班のある学級』（明治図書、一九六四年）を執筆したほか、教科の授業における学習集団や国語教育を論じた著書も多数ある（「大西忠治略年譜」『大西忠治教育技術著作集』別巻一、明治図書、一九九一年）。一九九二年、逝去。

先に紹介した『核のいる学級』は、丸亀西中学校における一九五八年、一九五九年の実践をもとに書かれたものである。このころ大西は、同僚の教師たちと学級経営などさまざまな教育問題を話し合う会を作り、「学級集団づくり」の実践と理論化を始めた。

実は戦後まもなくすでに、戦前の生活指導の伝統を継承しつつ、石橋勝治などが学級自治の実践を行っていた（『石橋勝治著作集』あゆみ出版、一九八四年）。一九五〇年代半ばに生活指導を論じる代表的な理論家とみなされるようになっていたのは、生活綴方にもとづく「仲間づくり」を主張する宮坂哲文だった。宮坂は、小西健二郎『学級革命』（牧書房、一九五五年）を典型例として参考にしつつ、「仲間づくり」を、①学級のなかに、何でもいえる情緒的許容の雰囲気をつくる、②生活をつづる営みをとおして一人ひとりの真実を発現させる、③一人の問題を皆の問題にすることによって仲間意識を確立する、という三段階に定式化してとらえていた。この三段階では、情緒的許容の雰囲気ができた後で話し合い（討議）がなされることになる。しかし大西を中心とする香川の教師たちのグループは、情緒的許容の雰囲気をつくる前提としてこそ「班・核・討議つくり」が必要であると考え、宮坂の三段階論を批判したのである。この批判は、大西自身が一時は生活綴方実践に傾倒し、それをまねた集団づくりを試みて悪戦苦闘したあげく、集団のちからを「集団自身に教え、集団自身に自覚させ」るという独自の道筋を開拓していったことに裏づけられていた（『大西忠治教育技術著作集』第一巻、三六頁）。

大西の実践と理論は、一九六〇年代から八〇年代の全生研の理論と実践に多大な影響を与えた。全生研は、日教組の全国教研集会に参加していた研究者や教師たちを中心に一九五九年に発足した民間教育研究団体である。彼らは一九五八年に復活した特設道徳に反対し、道徳教育の別のあり方を探ろうとしていた。大西が提唱した「班・核・討議つくり」の手法は、民主的な集団をつくることを徳目として教え込むのではなく、生徒たちに行動を通して学ばせるものとして注目を集めた。大西の考えは、宮坂の跡をついで全生研の理論的リーダーとなった竹内常一の支持も得た。全生研常任委員会著『学級集団づくり入門』（明治図書、第一版一九六三年／第二版一九七一年）においては、学級づくりの三つの側面（班づくり・核づくり・討議づくり）と三つの段階（よりあい的段階・前期的段階・後期的段階）を定式化した「構造表」が示されている。その原型となったのは、大西の「学級集団づくり」論であった（この間の経緯については、宍戸健夫「生活指導論」（小川利夫・柿沼肇編『戦後日本の教育理論（下）』ミネルヴァ書房、一九八五年）に詳しい）。

「班・核・討議づくり」の手法については、当初より、集団の意思決定と決定の施行を優先するなかで個々の子どもが抑圧される危険性はないのか、子どもの発達段階や多様性への配慮は十分なのか、といった疑問の声もあった。一人ひとりの子どもに自分を表現させることを学ばせ、学校での学習を実生活と結合させるという生活綴方の視点にいま一度注目すべきだ、また班や討議のシステムよりも自発的・創造的サークルを重視すべきだ、という指摘もあった。さらに、教科教育を通した生活指導論、つまり教科教育における学力形成と子どもたちの自治の発達とをどう関連づけていくのかについては、今なお論争的な課題である。しかし、『核のいる学級』の出版以降「班つくり」が急速に全国の学校に普及したのは、子ども集団自体がもつちからを育てるという大西の技術が有効なものとして教師たちに受け入れられていったからであろう。

『ゆるやかな集団つくり』への展開

さて一九八〇年代に入ると、高度産業化された日本社会において「軽薄短小、ゆるやかさやソフトさ指向」が広がるなか、学校では校内暴力、いじめ、登校拒否といった問題が噴出する。大西自身も中学生の変化を感じ、『ゆるやかな集団つくり』（明治図書、一九八七年）を提唱した。そこでは、「自由で、柔軟な……個性と、役割分担……のできる複数の協力」によって成立するようなリーダーシップが論じられ、「好きな者どうしの班」の可能性を探るべきだとの問題提起もなされた。しかし大西は、決して若者たちの「軽薄短小指向」に迎合しようとしていたわけではない。それまでの「班・核・討議つくり」が果たして本当に子どもたちの「利益」を保障し、決議・決定の「有効性」を実感させるものになっていたのかを厳しく問い直しつつも、子どもたちに広がる「軽薄短小」傾向にいどみかかるためにこそ、子どもたちの「ムレ」を自治的集団へと転換していく新たな道筋を探究したのである（『大西忠治教育技術著作集』第三巻、明治図書、一九九一年）。

大西は、「私は、子ども時代から、ずっと、いじめられっ子であった。今もそうである。……その、いじめられっ子であったという思いと経験が、集団というものに無関心になり得なかった私の、教育的思想をつらぬいている」と述べている（『大西忠治教育技術著作集』第一巻、三頁）。人間は、好むと好まざるとにかかわらず、常に集団のなかで生きている。より良い個人として生きるためにこそ、私たちはより良い集団の築き方を学ばなくてはならない。大西は、子どもたちに「集団」の良いところも悪いところもともに実感させ、子どもたちが自らの手で集団づくりを進めるための方策を教えた。その実践は、子どもたちに「集団のなかで生きる」ことを伝えたものとして、現在でもその光を放ちつづけている。

BOOK GUIDE ⑦

「学習集団づくり」論と生活指導論の現在

「班・核・討議つくり」の手法を教科教育に適用した論者に、吉本均がいる。吉本は教科の授業において集団思考を実現するために、班指名、班員間の相互評価、班長の班員に対する統制といった手法を取り入れた。このような吉本の「学習集団づくり」論は、同著『思考し問答する学習集団――訓育的教授の理論（増補版）』（明治図書、一九九五年。初版は一九七四年）に詳しい。ただし吉本の考えは、大西忠治や竹内常一、春田正治といった全生研の他のメンバーからは、教科教育における系統的学習を過小評価する危険性をもつと批判された。

生活指導論の古典的名著といえるのは、宮坂哲文『生活指導の基礎理論』（誠信書房、一九六二年）、竹内常一『生活指導の理論』（明治図書、一九六九年）である。また浅野誠『子どもの発達と生活指導の教育内容論』（明治図書、一九八五年）は、子どもの発達段階に応じた生活指導を論じており、興味深い。

近年の全生研では、参加民主主義にもとづく集団づくり論が提唱されている（折出健二『市民社会の教育』創風社、二〇〇三年）。全生研常任委員会編『新版　学級集団づくり入門』（明治図書、小学校編は一九九〇年、中学校編は一九九一年）では、子どもの不満・ニーズ・要求に耳を傾けること、肯定的な雰囲気づくり、遊びや文化的な活動などが強調されている。船越勝ほか編『共同グループを育てる』（クリエイツかもがわ、二〇〇二年）や、竹内常一『おとなが子どもと出会うとき　子どもが世界を立ちあげるとき』（桜井書店、二〇〇三年）が、実践の具体像をつかむのに役立つだろう。

3　庄司和晃と仮説実験授業

――科学教育における討論の可能性――

理科の授業における実験とは

実験は、理科の授業のなかで、どのような意味をもっているだろうか。まず考えられるのは、子どもたちの興味、関心を引きつけるという意義である。理科室という非日常的な空間で繰り広げられる実験、それは子どもたちの目に魅力的にうつるだろう。なぜなら、そこではビーカーや試験管、アルコールランプといった理科の実験でしか用いないさまざまな器具や、秘密めいた試薬を扱うからである。理科の実験は、子どもたちにとって未知なる科学への扉を開く、その契機となる可能性を秘めている。

しかしだからといって、単に子どもたちの科学に対する興味、関心を高めるためだけに、授業で実験をするわけではない。教師が、理科において子どもたちに身につけてほしいと願うこと、たとえば科学的に考える力や、科学における基本的な原理や法則などを効果的に子どもたちに伝えるためにこそ、実験は重要な役割を果たすものなのである。

授業において実験を効果的に機能させるには、何を確かめるために実験をしているのか、すなわち実験の結果から何を検証すればよいのかを、子どもたちが自覚しておくことが重要である。つまり、「仮説」をもって実験にのぞむよう、授業の設計を工夫する必要がある。仮説実験授業では、「問題―予想―討論―実験」という一連の過程をくり返すことによって、子どもたちのなかに仮説が生成されていくととらえられている。そして科学的認識は、こうして生みだされた仮説をさまざまな実験で検証することによって成立するとされている。この一連の過程を実現することをめざして、仮説実験授業で用いられているのが、「授業書」と呼ばれるテキストである。

仮説実験授業は、科学史を専攻とする研究者である板倉聖宣《いたくらきよのぶ》と、日々子どもたちと奮闘する教師たち、すなわち実践者たちとの協力によって、一九六三年に成立した。板倉とともに仮説実験授業の研究にたずさわった教師の一人が、庄司和晃《しょうじかずあき》である。次に示すのは、「ばねと力」「浮力」の学習を経て、「まさつ力」の学習に挑んだ六年生の子どもたちによる討論の一場面である。なお、発言者名の後に、たとえば「（ウ）→（ア）」とあるのは、（ウ）の予想をたてた子どもが、（ア）の陣営の者に対して発言していることを示している。

〔討論〕

ハガ君（ウ）→（ア）　ほんの少し動けばいいのだから……どうして３００ｇ力いるのだろう。角材を横に動かしたとき（平らな机の上で）、地球の引力より少なくて動いた。そのときの静止まさつは、つりさげたものよりも大きいんじゃないの。空気のていこうはうんと少ないんだから、アの人たちは、どうして３００ｇ力いるの。

資料１　「まさつの力」の問題

〔問題４〕（仮説実験授業の〈まさつ力〉の授業書より）

ながーいひもに，おもいおもりをつるします。このおもりの重さは 300ｇです。このおもりを，ほんの少しだけ横に動かすには，どのくらいの力がいると思いますか。

予想
- ア　おもりにはたらく地球の引力(300ｇ分の力)より少し大きい力。
- イ　おもりにはたらく地球の引力の半分(150ｇ分の力)くらいの力。
- ウ　ほんの少しの力でも動く。

討論　どうしてそう思いますか，みんなの考えをだしあってから実験してみよう。

(ヒント)　このおもりにはたらいている力を図の中に矢じるしで書きこんでみよう。

実験の結果

予想があたったら，「予想どおり」とかきましょう。

【出典】庄司和晃『仮説実験授業と認識の理論［増補版］』季節社、2000年、180頁。

マツダ君（ア）→（ウ）　それはさっきいったように、両方の力が３００ｇ力でつりあっているのだから、それを動かすには３００ｇ力いる。それより、ぼくには横に動かすから力がへるというのがわからない。［中略］

イヤマ君（ウ）→（イ）、（ア）　これはさ、けっきょくおもりが動きだすとき、おもりと空気のあいだにどれだけまさつ力があるかってことじゃないかな。だってさ、机の上での実験が終っているんだし……。

［中略］これを逆にいうと、つりあっていて動かないということは、つまりほんの少しの力でも動くということだと思うんだ。机の上を考えると、二つの力が対立している。そうすると、そのものは動かない。それを横に動かすときには、まさつ力を考えればいい。ところが空気中では、空気の抵抗を考えてみればいいんだが、このばあい、空気にはほとんど抵抗がない。だから、空気の抵抗は考えなくともいい。そうすると、ほんの少しの力で動くというりくつになるじゃない。それはだね、はかりにものをのっけたときでも空気の抵抗はある、でもはかりにでた重さは空気中の重さであるから空気抵抗は考えなくていい。すべて空気中ではかるわけだから。

［中略］

マツダ君（ア）→（ウ）　そこのとこがぼくにはよくわからないんだな。…あのね、じゃー聞くけど、ちょっとの力で動くというのは、ほーんのすこーしの力でいいの。ほんとにいいの。

（そう！そう！の声、そちこちより聞こえる）

そうかな、だってさ、家をこわす大きい鉄の玉があるでしょう。ぼくが押しても動かないんだよ。どうして？［中略］

タカギさん（ウ）→（ア）　あのね、まえにもどるけど、あたし、力の原理で考えて、ほんの少しの力で動くという予想なんだけど、マツダ君たちは、どうしても３００

g力でないと動かないというの。それだったら、すこし幼稚っぽいけどブランコに5人も6人ものったとするよ、それを動かすとき、のった人数でないと動かない？

マツダ君（ア）　そうか、わりあいらくに動かせるね、そうすると……。

（庄司和晃『仮説実験授業と認識の理論〔増補版〕』季節社、二〇〇〇年、一八三―一八七頁。傍線は原典による）

仮説実験授業における討論の魅力

仮説実験授業では、先に示した〔資料1〕のように、まず問題と、その問題の回答が選択肢で提示される。子どもたちは自分の予想に近い選択肢をそのなかから一つ選ぶ。そして、自分がなぜそれを選んだのか、全員の考えを一通り出し合ったうえで、先にあげたような討論へと移っていく。討論は、子どもたちが中心となって繰り広げられ、教師は、ほとんど口出しせず、討論を円滑に進める司会者としての役割を担う。このことは、先に引用した討論において、教師である庄司の発言がまったくみられないことからもわかる。教師は、子どもたちの討論を見守りながら、きりのよいところを見定めて、討論をおえる。ここではじめて教師が主導となって授業を展開していくことになる。教師は、子どもたちに予想の変更の有無を確認したのち、実験を行う。そして、子どもたちは教師が行う実験の結果を見て、自らの予想を検証するのである。ちなみに、この問題の答えは（ウ）である。実験後、結果について教師が詳しく説明したり、実験の結果からわかることを子どもたちにまとめさせたりすることはない。

仮説実験授業で用いられる「授業書」は、「教科書兼ノート兼読み物」としてまとめられており、「問題」を中心として、「質問」「研究問題」「練習問題」「原理・法則（の説明）」「読み物」などから構成されている。導入の「質問」は、生活との橋渡しの役目を果たす。次に配置されている「問題」は、かつて偉大な科学者たちが近代科学の発展を担う重要な発見に至った過程と、子どもたちが科学における原理や法則を学習する過程との間の共通性をふまえたものである。そして、「問題」の一部として予想の選択肢が示されている。予想は、教師が示した問題に対して、子どもが主体的にかかわるためのものである。予想の選択肢があるからこそ、問題の意味を正確に読みとることができる。選択肢は、「なぜか」ではなく、「何が起こるか」（現象）を予想させるものである。また実験によって正否がはっきりわかるもので、すべての子どもたちが予想できることを期待している。

続いて、子どもたちは予想を選んだ理由を一通りだしあい、討論へと進んでいく。討論は、単なる話し合いではなく、ディベートである。そのため、論証する過程で、主張する根拠（「なぜか」）を説得的に伝えることが求められている。たとえば、イヤマ君は、おもりと空気のまさつ力に注目し、自らの考えを述べている。また、タカギさんは、ブランコという具体的な例を交えて説明している。このような討論を経て、予想を検証し討論に決着をつけるために、最後に実験が行われる。真理の基準は、論争における説得力ではなく、あくまでも実験である。だからこそ実験は、授業の最初ではなく、最後に位置づく。板倉は、科学の最も基本的で一般的な法則を習得させることを目的にすえながら、子どもたちにもわかりやすい具体的な目標を提示することで、子どもたちにとって楽しい授業をめざし、主体的な人間形成を実現しようとしていたのである。

さらに、先にあげた庄司の授業場面では、庄司独自の指導がみられる。それは、「キッカケ言葉」の活用である。庄司は、教師自身が「キッカケ言葉」を使って子どもたちの発言をうながすことを重視していた。難しい理屈を発言した子どもに対して「たとえば?」という言葉を、また、意見が長すぎて要点がつかみづらい発言をした子どもに対しては「つまり?」「だから?」といった言葉をなげかけることをすすめている。先の授業場面では、子どもたち自身が、自分の意見を説得的に伝えるために、「たとえば」「つまり」といった「キッカケ言葉」を使う工夫をしている(傍線部分)。さらに、他の予想を選んだ子どもたちの意見を聞くことで自分の考えを問い直している。

庄司は、子どもたちが「キッカケ言葉」をどう使っているのかを分析することで、子どもたちの認識の深まりをとらえられると考えた。「キッカケ言葉」は、のちに庄司がまとめた「三段階連関理論(のぼりおり認識論)」において、思考ののぼりおりを媒介する言葉として定義されている。この認識論では、認識の発展する過程が三段階に区別されている。〔資料2〕で示されるように、①素朴的段階（感覚的、具象的、個別的、経験的、体感的）、②過渡的段階（表象的、半抽象、特殊的、コトワザ的、比喩的）、③本格的段階（概念的、抽象的、普遍的、法則的、理論的）の三段階をのぼったり（抽象化）、おりたり（具体化）する思考の動きがくり返されることによって、子どもの認識が発展していくと庄司は考えたのである。

資料2　三段階連関理論の図

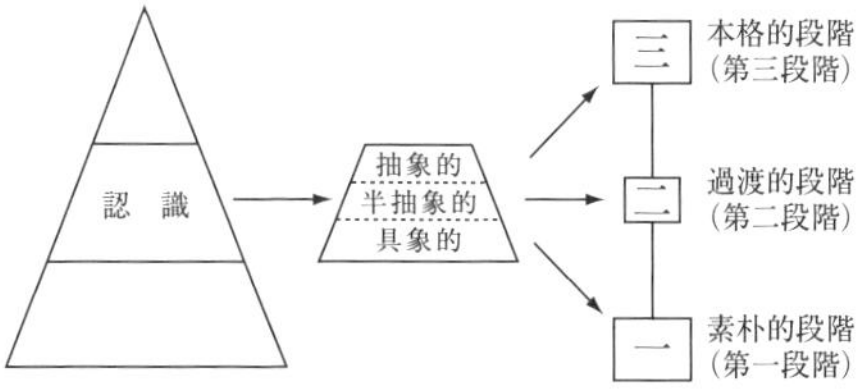

【出典】『仮説実験授業と認識の理論〔増補版〕』154頁。

先にあげた討論をみてみると、子どもたちが多数の「キッカケ言葉」を用いて討論を展開していることがわかる。たとえばイヤマ君の発言をみてみよう。彼は、「これを逆にいうと」「つまり」など、複数の「キッカケ言葉」を効果的に活用しながら、自らの論を展開している。この発言に対して庄司は、「この子の論理運用はまことに自在である。思考運動はこういうようにやるものというひとつの見本」であるという。また、タカギさんの発言に対しては、「タカギ自身は高い段階に立ちながら『少し幼稚っぽいけど…』という形で第二段階へすっとおりてくる。これが実にききめがある。さしもの頑強なマツダもこの比喩的論理にはコロッとまいった形だ」と分析している（同右書、一八四、一八六―一八七頁）。このように、庄司は「キッカケ言葉」を用いて、自由に三段階の間をのぼったりおりたりできる子どもほど、思考が自由にはたらいているとみるのである。庄司は認識論という観点から、仮説実験授業における討論の意義を強調していた。

この討論を経て、子どもたちの予想は〔資料3〕のように変更された。討論後、（ア）と予想する子どもがいなくなったのは、（イ）あるいは（ウ）と予想した子どもたちの意見のほうに、より説得力があったためであろう。ただし、いつもこの例のように、説得力のある選択肢が正答であるとはかぎらない。科学的な正当性は実験によって検証されるものだからである。しかしながら、このことは実験前における討論の意義を損なうものではない。先の例からもわかるように、討論には子どもたちに予想の根拠を考えさせる効果がある。ブランコという誰にでもわかりやすい例を用いて最も説得力をもった意見を述べたタカギさんにみられたように、生活のなかで出会う具体的事例と抽象的な科学的概念とを結びつける思考の訓練も、討論を通してなされている。

資料3　予想の分布

	男	女	計	討論後
ア	2	9	11	0
イ	5	2	7	5
ウ	11	7	18	31

【出典】『仮説実験授業と認識の理論［増補版］』181頁。

庄司和晃と板倉聖宣の出会い

ここで庄司の経歴をみてみよう。庄司和晃は、一九二九年山形県に生まれ、予科練生活のなかで敗戦をむかえた。戦後、山形師範学校を経て、一九四八年に長井市豊田小学校に赴任した。庄司が担任したクラスには、「申し送り子」と呼ばれる問題児が五人いた。庄司は、そのうちの一人と辛抱強く向き合い、子どもの両親とも連絡ノートを通じて語り合うなかで、子どもが変化していく姿を目の当たりにする。この経験から庄司は、「先生への信頼、ひいては子供への信頼、換言して子供を愛情で包むこと――これに対し親がはっきりと目を開きお互いを信じあうこと」が教育の中枢にあると述べている（『庄司和晃著作集』第五巻、明治図書、一九八八年、三八頁）。すなわち、庄司は教育者として子ども一人ひとりと向き合うことによって信頼関係を結び、そこからはじめて教育という活動を進めていけると感じていた。このような姿勢があるからこそ庄司は、仮説実験授業における討論でも常に、子ども一人ひとりの発言に注意し、それらを詳細に検討したのであろう。

一九四九年、庄司は成城学園初等学校に勤務校を転じ、教鞭をとるかたわらで、日本大学文学部宗教学科の学生として、宗教学をはじめ、さまざまな学問を摂取していった。そこで柳田国男の社会科実践に関心を示し、一九五六年ごろから「理科コトバ」と呼ばれる子どもの生活経験から生じる言葉に注目するようになる。これが、のちに仮説実験授業の討論に注目して子どもの認識過程を分析する素地となったといえるだろう。

ところでこのころ、国立教育研究所に勤務していた板倉聖宣のもとに、学習院初等科に勤務していた上廻昭《かみさこあきら》が内地留学していた。上廻から、科学史の研究成果を生かした授業のアイデアを求められた板倉は、「ふりこ」の授業を提案した。この授業は、上廻によって実践され、子どもたちに大歓迎された。これが最初の仮説実験授業である。そこで板倉は、ほかの単元についてもテキスト（のちの「授業書」）を作成したいと考え、上廻を通じて共同研究者を募った。その結果、庄司をはじめとする東京の私立小学校の教師が集まった。彼らは、毎週火曜日、板倉の研究室に集まり、五時から九時すぎごろまで議論しながら、テキスト作りを進めていった。こうして、仮説実験授業がねりあげられたのである。仮説実験授業は、一九六三年夏の科学教育研究協議会の大会で板倉が発表したことをきっかけに、世に知られることになった。

科学教育における討論の可能性

庄司は、「自然のことわりを知った、覚えた、認識した、それも大事である。科学の方法がわかったとか、身についたとか、それもまた大切である。しかし、それのみでなく、そのこと自体が、あなたにとってどういう意味を持つのか、ということ、そういう学習者の自覚面をも、ないがしろにせずに、教育実践をやっていこうという視点」を、仮説実験授業を通じて学んだという（『庄司和晃著作集』第四巻、明治図書、一九八八年、一六一頁）。すなわち、科学にもとづく原理や法則を教えることだけではなく、その原理や法則が、子どもたちにとってどのような意味をもつのかを子どもたち自身に考えさせる授業を進めていこうとしていた。

その方略として、庄司は討論を重視した。すでにみてきたように、庄司は討論の子どもの認識の深まりをとらえるために、「キッカケ言葉」に注目し、子どもたちの討論を分析している。分析を進めるなかで庄司は、子どもたちの思考がのぼりおりをくり返しながら認識を深める討論の可能性をみた。つまり、認識が深まることで、「自分自身が進歩していく、自分自身が変わっていく、自分自身のスバラシサをみつけだしていく、問題を処理する自分の力に自信をもっていく……、そうしたことを子どもが自覚する」ことができ、「自分自身が生きぬいていくためのもっとも強力で有効な武器あるいは味方となるものを手に入れていく」ことが可能になると庄司は考えていた（『仮説実験授業と認識の理論〔増補版〕』三九頁）。すなわち庄司は、板倉のいうところの主体的な人間形成へつながる可能性を、仮説実験授業における討論に見いだしていたのである。

庄司が討論を繰り広げる子どもたちの言葉を一つ一つ丁寧に分析し、子どもの認識過程を示し得たことは、注目に値するだろう。ここには、一教師である庄司の思いが込められている。仮説実験授業は、たしかに基本的、一般的な科学の概念や法則を学びとらせることを第一の目的としてはいるものの、その授業過程を通じて主体的な人間形成をもめざしていたということを、あらためて記しておきたい。

BOOK GUIDE ⑧

理科教育のあゆみをたどる

一九六〇年代にはいると、「教育の現代化」の流れを受けて科学教育においても系統性の重視が叫ばれるようになった。一九五四年に発足していた科学教育研究協議会の研究成果は、同編『理科の授業実践講座』（全一二巻、新生出版、一九八七年）に詳しい。

一九六三年に発足した仮説実験授業研究会は、独自の授業を展開した。仮説実験授業の成立過程を知るには、板倉聖宣・上廻昭・庄司和晃編『仮説実験授業の誕生』（仮説社、一九八九年）をおすすめする。仮説実験授業の詳細を知るには、板倉聖宣『未来の科学教育』（国土社、一九九〇年／初版は一九六六年）、同『仮説実験授業』（仮説社、一九七四年）、庄司和晃『仮説実験授業』（国土社、一九六五年）を一読されたい。

一九六六年には、「極地方式ノート」を用いつつ、独自の授業展開を構想する極地方式研究会が発足した。これについては、高橋金三郎・細谷純編『極地方式入門』（国土社、一九九〇年／初版は一九七四年）を参照されたい。

近年では、構成主義的学習観にもとづく素朴概念研究と、それをふまえた授業開発が進んでいる。森本信也編『子どもを変える小学校理科』（全一〇巻、地人書館、一九九六―九七年）と、堀哲夫編『問題解決能力を育てる理科授業のストラテジー』（明治図書、一九九八年）では、子どもの素朴概念が教材ごとに検討されており興味深い。

理科教育の全体像を知るためには、板倉聖宣『日本理科教育史』（第一法規、一九六八年）や、日本理科教育学会編『理科教育学講座』（全一〇巻、東洋館出版社、一九九二年）が役立つだろう。

4 岸本裕史と学力の基礎
――「落ちこぼれ」を出さない実践をめざして――

「読み・書き・算」の徹底

「二万五〇〇〇題の計算練習」。耳を疑うような話である。縦横それぞれ一一個のマス目を作り、上欄と左欄に0から9までの数を任意に記入する。そして、上欄の数と左欄の数を計算したものを交差する空欄に次々と書き込んでいく。この「百マス計算」と呼ばれる計算練習は、初めてなら速い子でも一五分、遅い子なら三〇分近くかかるそうである。けれども、毎日繰り返し続けると、二、三カ月後（二万題をこなすころ）には、ほぼすべての子どもが二分以内で完答できるようになり、大人以上の計算力が身につくという。

この百マス計算の生みの親が、岸本裕史《きしもとひろし》である。この計算練習法に表れているように、岸本は「読み・書き・算」を学力の基礎ととらえて重視し、その徹底的な錬磨を主張した。

資料1　百マス計算

+	3	5	6	1	7	9	0	4	2	8
2										
4										
5										
9										
1										
3										
8										
7										
0										
6										

岸本が「読み・書き・算」の徹底に至った背景には、「落ちこぼれ」をつくらず、すべての子どもたちに確かな学力を身につけさせなければいけないという、教師としての切実で実直な願いがあった。

次の記録は、そうした願いをもつに至った岸本が教師開眼の恩人とする「ふくちゃん」という女の子との出会いの一部をつづったものである。ふくちゃんの家は非常に貧しく、養母が目を患っていた。その養母に付き添い通院していたため、ふくちゃんは年間約一〇〇日も学校を休んでおり、三年生になるのに読み書き算もままならない状態であった。

私は、漢字を教える時には、その字源も、わりあいていねいに教えています。……たとえば、「花」を教えるには、まず地面である一の線を書き、種から根が伸び、芽が生えると草になる《[ママ]》だから、艹をクサカンムリというのだよ。［中略］

岩を教える時は、荒っぽく、「山にある石などを岩というね。」と言ったのです。すると、すかさず、「先生、岩と石とどう違うのですか。」と尋ねられました。……聞かれてみて、改めて考えてみましたが、どう言ってよいかわかりません。……わからない時や、困った時にこどもに尋ねてみるという原則?を適用して、全員に問い返してみました。ある子は、「岩は山にあるけど、石は山にも海にもあります。町の中にもあります。」と言いました。すると別な子が、「いや違う。去年、白浜温泉に行ったら、千畳岩という大きな岩が海にあったよ。」と言いました。また別な子が、「あっそうや。岩は大きいけど、石は小さいやつです。」と言ったので、私は、「そうだね。」と、あいづちを打ったのです。ところが、「先生、それはおかしいです。この前、布引の水源池へハイキングに行ったら、川原にこの教室よりもっとでっかい石がごろごろ落ちていましたよ。」「ぼくとこの裏の山でね、陣地取りして遊ぶけど、こんなちっちゃい岩の上を陣地にしているよ。だから、岩は、大きい、小さいに関係ないと思います。」と指摘されました。私はもっともだと思い、「広辞苑という日本で一番良いといわれる辞びきで調べるから。」といって、職員室まで取りに行き、開いてみました。ところが全く期待外れでした。岩の項を見ると、「①石の大きいもの、②地殻を構成する鉱物の集合体、岩石、いわお、③粘土の固まったもの」としかありません。これじゃ、答えにもなりません。「先生もわからん。困ったな。」と、弱っていると、田島さん「ふくちゃん」が、目をきらきらさせ、さっと手を挙げました。初めてです。でも、きっとピンボケの答えをいうだろう、しかし初めての挙手そのものにねうちがあるから、どう評価してやろうかなと、答えることの内容についての期待などは、全くないままに当ててみました。すると、田島さんは、「石はね、根っこない。岩は、根っこがある。」と答えたのです。まさに、ドンピシャリです。どの辞書にも載っていない名答です。本質を射た答えです。どの子も、「ほんまや。」「ふくちゃん、賢いなあ。」と、思わず拍手が起こりました。ほんとです。アホな子はいません。アホな子は、ただつくられているだけです。生まれつきというのは迷信です。

（岸本裕史『どの子も伸びる』第一巻、部落問題研究所、一九七六年、六四―六六頁）

教師開眼、そして「学習統一戦線」づくりへ

岸本裕史は一九三〇年、兵庫県神戸市に生まれた。日中戦争が始まった一九三七年に神戸市立平野小学校へ入学する。一九四八年、兵庫県美嚢郡中吉川中学校の教員となる。二年後の一九五〇年、母校である平野小学校に転任。着任当初は、教育実践にまったく無気力な「でもしか教師」であったが、一九六八年の指導要領の改訂とそれに伴う教科書の改編問題と向き合うなかで、自らの教育実践を見直すようになる。改訂に伴い、たとえばかけ算九九は、それまで二年生の一一月から三年生の五月ごろまで約半年をかけて教えられていたのが、二年生の一〇月半ばからほぼ一カ月で教えなければならなくなった。宿題は出さない、テストもやらない、子どもたちをできるだけのびのび遊ばせる「のびのび教育」をやっていたのでは、子どもたちはどんどん落ちこぼれていく。岸本はそうした危機的状

況を敏感に感じ取っていた。そうしたなかで出会ったのが先ほどのふくちゃんだった。

できないと思い、ふくちゃんの答えに期待していなかった岸本は、「石はね、根っこない。岩は、根っこがある」という名答に自らの教育観を揺すぶられた。岸本は当時のことを次のように回想している。「やっぱり子どものなかにもあったし、私自身にもあった、できん子はある程度しゃあないわ、という、いわば差別を合理化する姿勢が、そういうこと「ふくちゃんのこと」を契機にして正され、できないと思っている子が非常にみずみずしい情感、鋭いセンス、やる力、潜在的な能力をもっているということをありありと掴めたなかで、その子どもたちのすぐれたチエなりひらめきを、広くみなに分らせていくような授業の進め方というものはないかと模索していったわけです」(「対談　新しい年の教育をめぐって」『部落』一九七七年一月号、二四頁)。

落ちこぼれている子ども、落ちこぼれようとしている子どもも、心のなかでは勉強ができるようになりたいと思っている。教材や教え方の工夫によって、そうした子どもが学力の高い子どもと同じように、時にはそれ以上の力を発揮できる場をつくりだすことができる。「アホな子はいません。アホな子は、ただつくられているだけです」。この言葉を実感したふくちゃんとの出会いによって、岸本は教師として開眼したのであった。

ふくちゃんとの出会いを契機に岸本は、成績の良い子どもも悪い子どもも、どちらもつなぎとめられる学習活動の筋道を模索しはじめた。学力の遅れている子と進んでいる子、力の強い子と弱い子、暴力をふるう子とふるわれる子、サボリの子とまじめな子、そうしたさまざまな子どもたちすべてが、学力や能力の発達をめざし力いっぱいがんばれる場づくり、これが岸本が追い求めた実践のかたちであった。これを岸本は「学習統一戦線の創造」と呼んだ。そして、岸本はこの「学習統一戦線」をふくちゃんのような低学力の子どもを中心に据えながら組織していった。

一九七六年、神戸市北区小部小学校へ転任。二六年間の平野小学校での勤務を終える。そして、それを機に自らの実践をまとめた著書『どの子も伸びる』（全三巻）、『見える学力、見えない学力』（大月書店、初版一九八一年／改訂新装版一九九四年）、『落ちこぼれを出さない実践』（部落問題研究所、一九八一年）を相次いで出版する。これらの著作のなかで岸本は、学校でのテストや成績など目に見えるかたちで示される「見える学力」に加え、その土台となる「見えない学力」についても言及している。「見えない学力」とは、子どもたちが家庭から受け継ぐ文化を指す。学力を言語能力ととらえる岸本は、その育て方として、「だから」「しかし」といった順接や逆接のことばを使って筋道の通った親子の会話をすることや、幼いころから子どもに読書習慣をつけることなどをわかりやすく解説している。受験競争の激化とそれに伴う学力競争の低年齢化を背景に、こうした岸本の家庭教育論は大きな反響をよぶことになった。その後、神戸市長田区名倉小へ転任。一九九〇年に退職し、実践家としての活動を終えたのちも、教育士として活動を続けている。

「基礎学力」と「読み・書き・算」

それでは、岸本は「学習統一戦線」をどのようにつくりだしたのだろうか。岸本は、子どもたちの生活環境の改善などを家庭に要求し、保護者と協力しながら「見えない学力」を豊かに育む一方で、「読み・書き・算」の力を学力の基礎と位置づけ、その徹底した錬磨を教師の責務として追究していった。

岸本は「読み・書き・算」の意義を次のようにとらえている。「読み書き計算という学力の基礎的技能面での熟達は、思考力の発達と不可分の関係にあります。日常レベルの思考をこえての抽象的・概念的思考の段階では、ほとんど文字・数字等の言語を操作して進められます」(『どの子も伸びる』第一巻、一七八頁)。それゆえに、それは「人間が人間たり得るための土台となる能力です。それは、人類の文化遺産を継承し、科学的世界観を獲得し、未来を切り拓くためのカギであり、武器なのです」(「低学力・非行を克服する基本的視点」『部落』一九七六年一〇月号、五二頁)。

この主張が示すように、岸本は読み書き算の能力の獲得を人間が人間たり得るための必須条件と考える。したがって岸本の主張する「学力の基礎」とは、時代を超えて妥当する基礎と考えられ、「国民として必要な基礎」という意味での「基礎学力」とは区別される。また、読み書き算の熟達と「思考力の発達」を不可分の関係ととらえる岸本は、読み書き算を学習のための用具ととらえる立場とも袂《たもと》を分かつ。岸本は、学校を認識能力の発達を中心とした知育を担う場所であると考えており、「読み書き算＝学力の基礎」との主張はこうした学校観を反映したものでもあった。

岸本の著書には、読み書き算の力を鍛える方法が多く載せられている。計算力を鍛える練習方法としては、先ほどの「百マス計算」に加え「〇桁十回し算」（資料2）「往復計算」「マラソン計算」、「読み」については「音読」、「書き」には「聴写」や「視写」などが提唱され、その具体的な方略が丁寧に解説されている。岸本実践では、こうした反復練習法のみが注目されがちだが、反復練習の前には、必ずさまざまな教材によって「わかる」ことが徹底的に追求されている点も見落としてはならない。算数では、数学教育協議会の水道方式に学びながら、タイルやお金、おはじきなどさまざまな教具を利用して計算の意味を教えていた。また先の実践記録にもあったように、字源や例文などを教えたり考えさせたりすることで、漢字の意味や成り立ち、筆順、使い方等について子どもたちが納得できる漢字指導を行っていた。

さらに、反復練習そのものにも意味理解を深めるための工夫を見いだすことができる。検算が簡単にできる「〇桁十回

資料2　4桁10回引き算

	85640
−	8564
	77076
−	8564
	68512
−	8564
	59948
−	8564
	51384
−	8564
	42820
−	8564
	34256
−	8564
	25692
−	8564
	17128
−	8564
	8564
−	8564
	0

し算」では、たとえば引き算の場合、任意の位に「0」を入れてやることで、引き算のさまざまな素過程を含む計算練習が可能となる。そのため計算間違いが生じた場合、子どもがどこでつまずいているのかを容易に発見できる。

このように岸本実践では、反復練習を中心にというより、むしろ「わかる」ことを中心に授業が組織されている。このことは、百マス計算等の反復練習が授業開始の一〇分程度を利用し実施されていることからも明らかである。つまり、反復練習は理解したことを身につけ、使いこなせるようになるための訓練として用いられており、「できる」ことは「わかる」ことを前提にして追求されている。

岸本によれば、こうした学力の基礎の徹底錬磨によって、子どもたちはおおよそ三つの力を身につける。一つめは読み書き算の力である。「百マス計算」を二万題やれば、大人以上の計算力がつくというように、どの子どもも努力に応じて必ず一定の成果を収めることができる。二つめは、集中力である。先ほど例示した練習方法は、集中的な努力を一定期間持続することを子どもたちに要求する。練習の繰り返しによって、書くことや読むこと、計算することを苦にしなくなったとき、子どもたちは一つのことを集中して、しかも持続してやり抜く力を身につけることになる。三つめは、自信や意欲である。やれば必ず成果が返ってくることで、子どもたちは学習活動の結果として達成感を味わうことができる。学習活動のなかでほとんど成功経験を味わったことのない低学力の子や落ちこぼれの子でも、読み書き算の徹底反復を行えば、必ずその力がつく。その「できる」経験の積み重ねが、そうした子どもたちがもつ過去の負の体験を克服する契機となり、誇りと自信を生み出す土壌となっていくのである。

迅速に正確に計算ができるようになったからといって、算数のすべての力がつくわけではないように、読み書き算の力が養われたからといって、それがすぐに各教科の力に転移するわけではない。けれどもその獲得は、それが人間の知的活動の本質的な土台であるために学力全体の確固たる基礎となる。また、この学習のなかで子どもたちが味わう「できる」喜びは、子どもたちが意欲的に学習に取り組む契機となる。そして、それは結果として子どもたちの「自己教育運動」能力を高めることにつながる。岸本は自らの実践を通して、こうした読み書き算の発達的意義、特に低学力の子どもにとっての意義を経験的に確信していった。それゆえ、読み書き算の徹底を中心にした実践を展開したのである。

「わかる」と「できる」の統一

昨今の「百マス計算」ブームを生み出した陰山英男が「理解よりもまず練習」「本当に理解するためには、まずできるようにしてしまうことを優先する」（陰山英男『本当の学力をつける本』文藝春秋、二〇〇二年、六二頁・七九頁）と主張するように、反復訓練では計算の意味理解よりも速く正確に計算できることが強調される傾向がある。

しかし松下佳代は熟達化研究の成果を用いながら、「百マス計算」のなかで計算時間が短縮されることの意味を次のように分析している。本来、計算ができるということは、以下のような段階が含まれている。たとえば、「8＋7」であれば、①「8＋7」ということの計算の意味がわかること、②計算の手続きができること（ここでは〈8はあと2で10→7を2と5に分解→8と2をたして10、10と5をたして15〉という三つのステップが含まれている）、③②の計算の手続きをまとめて瞬時に行い、答えを出せるという三つの段階を経る。計算の反復練習が意味をもつのは、このうちの③の段階においてである。練習の繰り返しによって、子どもは手続きを意識しなくても計算ができるようになっていく。これを「手続きの自動化」と呼ぶ（詳細については、松下佳代「百ます計算で何が獲得され、何が獲得されないか」『教育』二〇〇四年六月号）。この分析にしたがうなら、反復訓練そのものは、「手続きの自動化」により計算を迅速に正確に行う力をつけることにはなっても、計算の意味を深く理解していくことにはつながらない。したがって、「鍛錬主義」や「詰め込み」という言葉で形容されるように、「百マス計算」を典型とする反復訓練には、「できる」と「わかる」の乖離《かいり》、換言するならば「できる」けども「わからない」子どもを生み出す危険性が常に存在することになる。

それでは反復訓練はダメなのかというと、そうではない。問題は、反復訓練が「わかる」という認識の筋道にしっかりと位置づけられているかどうかである。岸本実践を再度振り返ってみると、そこでは必ず「わかる」ことが追求された後に反復訓練が行われ、反復訓練のなかにも「わかり直し」の契機が組み込まれていた。岸本は「教えること」と「育てること」の統一という観点からさまざまな教材を利用し教えることで「わかる」ことを保障し、反復訓練を行うことで「わかったこと」を「できる」ことへと育てる実践を展開していた。岸本実践では、反復練習という訓練が単独で取り上げられることはなく、それは常に教授活動全体のなかに位置づけられていたといえる。

このように「わかる」こととの関係を意識しながら、学習のなかで反復訓練が用いられると、自ずからその意味も変わってくる。それは単に「できる」ようになるための反復ではなく、「わかった」ことを再生する一種の表現活動となる。そして、この活動には理解した知識や概念を自分のものとして獲得していく喜びが伴う。こうした「再生」にこそ、反復訓練の本質があり、「反復」することに意義があるわけではない。

そうであるならば、学習内容のおもしろさや鮮やかさ、さまざまな教材開発によるわかる授業を追求することから反復訓練を切り離すことはできない。岸本実践は、教授活動のなかに反復練習という訓練を位置づけること、換言するならば「わかる」という認識の筋道のなかに反復訓練を位置づけることの大切さを示している。つまり「わかること」の延長線上に「できること」をとらえている。「わかること」と「できること」の統一の筋道を実践的に追究した点に、岸本実践の新鮮さがある。

BOOK GUIDE ⑨

学力論の蓄積に学ぶ

岸本の著作については、本文で紹介したものに加え、『どの子も伸びる　国語力』（小学館、二〇〇三年）、『どの子も伸びる　算数力』（小学館、二〇〇三年）をすすめたい。家庭でできる「読み・書き・算」の指導方法がまとめて紹介されている。「見えない学力」については、『続　見える学力、見えない学力』（大月書店、二〇〇一年）、『どの子も伸びる　見えない学力』（小学館、二〇〇四年）が出版されている。

戦後の学力論に興味がある方は、「学力」をめぐって交わされてきたこれまでの議論をわかりやすく的確にまとめている田中耕治『学力評価論入門』（京都・法政出版、一九九六年）をすすめたい。また、学力論の中心的なテーマであった「知識・理解」と「態度」をどのように関係づけるかについては、学力を三層構造でとらえ、はじめて学力モデルを提唱した広岡亮蔵（『現代教育科学』一九六四年二月号別冊および一九八三年九月号）、学力を「成果が計測可能なように組織された教育内容を学習して到達した能力」と規定した勝田守一（「学力とは何か」『勝田守一著作集』第四巻、国土社、一九七二年）、習熟概念によって「知識・理解」と「態度」の関係を一元的にとらえることを提起した中内敏夫（『増補　学力と評価の理論』国土社、一九七六年。『中内敏夫著作集』第一巻、藤原書店、一九九八年）、学力と人格形成の関連を取り上げた坂元忠芳『学力の発達と人格の形成』（青木書店、一九七九年）などがある。

一九九九年に始まった学力低下問題については、『論争・学力崩壊』（中公新書、二〇〇一年）が便利である。

5　到達研と評価を生かした授業づくり

――わかる楽しい授業と確かな学力を求めて――

勘違いへの気づきから

「この子はできると思っていたのに、実はできていなかった」というのは、よくあることである。わかる授業を進めるうえで、このような勘違いに気づくことがまず重要である。

東京の小学校教師だった滝沢孝一《たきざわこういち》も、この勘違いへの気づきから授業を展開している。そこには、実践開始時に行う診断的評価、実践の途中で行う形成的評価、そして実践の最終局面で行う総括的評価、それぞれの評価機能を巧みに生かした実践展開が示され、後述する到達度評価研究会（到達研）の典型的な授業スタイルとなっている。以下は、滝沢が一九七八年に東京都足立区立青井小学校で行った五年生算数「三角形と四角形の面積」の授業実践の一コマである。

N君は、五年生の組がえによって私のクラスの一員となった。はじめはたいへん印象のうすい子であった。ただF君が「N君は計算だけはバツグンだよ」と算数の時間にいっていたのを記憶しているぐらいであった。

一学期の小数計算の単元では、確かに「バツグンの計算力」を示してくれた。このことが「計算だけ」という言葉を「算数が得意」ということばにはきちがえてしまった原因だったように思う。

N君の本単元の診断テストの結果はこうした私のN君に対する幻想を一ぺんで吹き飛ばした。「平行」や「垂直」、図形の作図がきわめて不正確であった。

彼のこうした図形学習の基本的なつまずきは形成テストの中で明確にあらわれてきた。

本当の意味での彼との学習がはじまったのはそれからである。形成テスト分析の討論の中心はN君にしぼられた。私はそれぞれの形成テストの結果と授業中の彼の学習状況を結びつけるため、授業中の学習のようすを注意深く見守っていた。これらの観察の結果、N君は三角定規や分度器の使い方が正しくできないことや授業中の作業がたいへんおそく、自分の作業をとおして知識を確実なものにすることができないなどのことがわかってきた。

彼に対する特別な手立ては、主に休み時間を利用し、三角定規の使い方から始まった。こうしたつまずきの原因をはっきりさせ、そこから出発した学力回復の手立ては効果的に彼の学力を回復させていった。

当初つまずきの印である斜線がならんでいた私の手元の一覧表には回復の〇印が書き込まれていった。こうして課題別グループ学習の時点での彼の形成テストの結果は、高さに対する底辺に赤線を引く際にはみ出して引いてしまう以外は、すべてに正解が出せるようになっていた。総括テストでは四四問中四一問に正解を出して九三点、期末の総合テストでも九六点を獲得し、クラス全員の大きな拍手を受けた。

彼は、一学期最後の授業で書いた「先生へのメッセージ」の中でこんなふうにこの間の学習をふり返ってくれた。

「ぼくが一番楽しかった勉強は、算数の図形のところです。はじめはよくわかりませんでした。でも先生や山口先生に補習や休み時間教えてもらいわかるようになりました。オーエッチピーもおもしろかったです。二学期もがんばります。」

(鈴木久美子・成瀬満里子・滝沢孝一「到達度評価と子どもたち──足立区立青井小学校の実践」東京到達度評価研究会編『東京における到達度評価の研究と実践』地歴社、一九七九年、三〇九─三一〇頁)

こうして算数学習がわかるようになり、授業が楽しめるようになったN君は、自信をつけ、二学期には算数のリーダーに立候補したという。しかも、それはクラスの仲間に推薦されての立候補だった。さらに、秋の運動会に向けては応援団に立候補し、見事にクラスの支持を得たという。この算数学習を通して、N君は算数の学力を身につけただけでなく、人間的にも大きな成長を遂げることになった。

到達目標と授業づくり

この算数授業の実践にあたり、滝沢は、学期はじめに単元の到達目標を設定し、それを「学習計画」として整理していた。ただ、この段階での到達目標は、子どもたちの実態から出発したものではないし、授業の流れに即したものでもない。そこで、滝沢は、本単元と関係の深い項目に関して「診断テスト」を行い、その結果を踏まえて、「学習計画」にある到達目標をさらに細かく設定していた（一五九頁の資料1）。

授業は、この「学習計画」にある到達目標にもとづいて行われていたが、決してやりっ放しの授業ではなかった。授業の終わりに「形成テスト」を行い、その授業での子ども一人ひとりの到達度やつまずきを把握していた。そして、つまずきのある子には特別な手立てを講じるとともに、つまずき分析の結果を反省材料に次の授業計画を修正しながら実践を進めていたのである。

このとき、滝沢は、「形成テスト」の結果を、授業改善のための情報を得るために利用していたのであって、学期末の評定の材料にはしていなかった。学期末の評定に向けては、別に「総括テスト」が準備されていたが、これは子どもたち一人ひとりが持っている「学習カルテ」の項目にもとづいていた。そして、「学習カルテ」の項目とはまさに、「学習計画」にあった到達目標だった。つまり、「総括テスト」は子どもにも示された到達目標にもとづいて行われていたのであり、学期末の評定もその到達目標に照らし合わせてつけられていた。

このような取り組みのなかで生まれたのが、先に引用したN君の物語である。N君は算数が得意、と勘違いしていた滝沢だったが、「診断テスト」により、作図に問題があったことに気づかされる。そして、「形成テスト」で三角定規や分度器の使い方に問題があることを知ると、休み時間に三角定規の使い方を指導するといったかたちで、特別な手立てを講じた。こうした努力のなかでN君はみるみる学力を回復させ、そのことは「総括テスト」の結果となって表れていったのである。

この実践を通して、滝沢は到達目標の特徴を次の四点にまとめている（同右論文、三一二頁）。

①教科の系統にそった基礎的・基本的な知識技能であり、特別な場合を除いて、すべての子どもが到達可能なものであること。

資料1　到達目標細案

算数	到　達　目　標（学習のめあて）	備　考
1	・距離の意味がわかる 　・点と点の距離を見つけることができる 　・　　〃　　作図することができる 　・点と直線の距離を見つけることができる 　・　　〃　　作図することができる	三角定規の使い方 直角・平行 形成評価……1
2	・線と直線の距離がわかる ・　　〃　　を作図することができる ・平行線間の距離は同じであることがわかる	三角定規 平行 形成評価……2
3	・高さの意味がわかる ・高さくらべを平行線の性質をつかってくらべることができる	形成評価……3
4	・平面図形で底辺と高さの関係がわかる ・高さは底辺と直角になることがわかる	形成評価……4
5 6	・同底・同高の長方形と平行四辺形の面積が同じであることがわかる ・平行四辺形の求積の公式の意味がわかる ・正しく平行四辺形の面積を求めることができる	形成評価……5･6
7 8	・三角形は平行四辺形の面積の半分であることがわかる ・三角形の求積の公式の意味がわかる ・正しく三角形の面積を求めることができる	形成評価……7
9 10	・合同な台形を二つ合せると平行四辺形になることがわかる ・台形の求積の公式の意味がわかる ・正しく台形の面積を求めることができる	形成評価……8
11	・公式を用いて、平行四辺形、三角形、台形の面積を求めることができる	まとめ 形成評価……9
12	・多角形（いろいろな四角形中心）を三角形に分けて、求められることがわかる ・多角形の面積を求めることができる	形成評価……10
13 14	・今まで学習してきたことをもとに、応用問題をとくことができる	形成評価……11
診断テスト　1h　総括テスト　2h　時数　14h　計　17h （参考）たのしい算数5　算数到達度評価細案5		

【出典】鈴木久美子・成瀬満里子・滝沢孝一「到達度評価と子どもたち—足立区立青井小学校の実践」東京到達度評価研究会編『東京における到達度評価の研究と実践』地歴社、1979年、299頁。

②子ども一人ひとりの学習上の到達点が具体的に把握可能なものであり、それらを通して日常の活動のなかで機能しうるものであること。
③子ども自身にも自らの到達点がわかり、学習をすすめていく上での指標や手だてとなるものであること。
④子どもたちが学習活動を通して、お互いに励まし合い、助け合うなかで、その目標が子ども集団の自覚的な集団目標に発展し、組織化されること。

滝沢は、このような到達目標づくりとそれにもとづく授業改革を、子ども集団づくりとセットで実践していた。先のN君も、算数でクラス全員から大きな拍手を受けるまでになり、それを機に学級集団の中核に立てるようになっていったのである。

相対評価を乗り越えて

青井小学校における到達目標づくりとそれにもとづいた授業改善の取り組みは、最初、通知表改善の取り組みから始まった。それは、戦後直後から支配的だった五段階相対評価に対する不満から起こったものである。

一九六九年二月、あるテレビのワイドショーで、一人の父親が、「クラスのなかであらかじめ『5』が何人、『1』が何人と一定の枠を決めているのは不合理」と、五段階相対評価の通知表を批判した。これに対し、当時の文部次官が、通知表と指導要録は別物で、通知表の記載は原則として学校に任されており、全部「5」でも「3」でもいい、という趣旨の発言を行った。これをきっかけに、「通信簿論争」が巻き起こる。

もう一つ、これに追い打ちをかけるような事件が一九七二年に起こっている。ある中学校の音楽教師が生徒全員に「3」をつけたのである。また、同じ年、別の中学校で、全員の指導要録の「学習の記録」欄に「3」を、「行動および性格の記録」欄に「B」をつけるという事件も起きている。このように、当時の教師のなかには、五段階相対評価に不満を抱き、評価そのものを全否定する者もいた。

ただ、教育活動には必ず何らかの評価行為が伴うもので、評価を全否定することは、教育活動そのものを否定する論理につながるだけで、何の解決にもならない。そこで、教師の間で、到達目標を明確にした通知表改善に向けた取り組みが行われるようになった。滝沢ら青井小学校の教師たちも通知表改善に目覚めた教師集団で、独自に到達度評価型通知表作成に挑んでいた。

ところで、相対評価に対する批判自体は何もこのときに始まったものではない。戦後直後からあった。たとえば東井義雄は、先述の「通信簿論争」が起こる前から、八鹿小学校で「通信簿の改造」に取り組み、目標準拠評価型の通知表「あゆみ」を作成していた。ただ、当時は相対評価に代わる評価の基準を設定することがまだ困難だったことから、全国的には相対評価支配が続いたままだった。

しかしながら、数学教育協議会の「水道方式」など、教科の指導過程の体系化が進んだことにより、到達目標設定の道が徐々に拓かれていった。また、「仮説実験授業」の提唱者、板倉聖宣が教育目標を「方向目標」ではなく「到達目標」として設定することを主張し、それを中内敏夫が洗練させたことで、到達目標設定の理論的根拠が見いだされていった。さらに、一九七〇年ころから、「教育目標の分類学（タキソノミー）」や「マスタリー・ラーニング（完全習得学習）」といったB・S・ブルームらの理論が紹介されるなかで、教育目標を到達目標として明確化していくための理論的基盤に厚みが加わっていった。

このような状況のなか、滝沢らは、通知表の形式を変えるだけで、それが日々の授業実践に結びつけられていなければ意味がないということにも気づくようになる。そこで、先に紹介したような到達目標にもとづくわかる楽しい授業づくりに取り組んだのである。そして、この取り組みに重要な理論的・実践的基盤を与えていたのが、一九七〇年代から本格化した到達度評価研究である。

「到達度評価」という言葉が使われだしたのは、一九七五年二月に京都府教育委員会が作成した研究討議資料『到達度評価への改善を進めるために』においてである。ここで、到達目標・到達度評価とそれにもとづく授業づくりを推進することが、地方自治体の行政施策として提案された。この討議資料は「長帳」と呼ばれ、京都府における到達度評価運動の原典となる。この提案については、当時学力保障の取り組みを進めていた京都教職員組合も積極的に支持していた。さらに、京都府教育研究所もいち早く研究に着手しており、同年一一月に刊行された『教育研究資料・到達度評価研究シリーズ①〜⑤』は、到達度評価実践のための重要な理論的基盤を与えていた。これをきっかけに、各学校や民間教育団体もさかんに研究成果を発表するようになり、互いに到達度評価研究の交流を深めていった。こうして、日本の教育実践史上まれにみる官民あげての「壮大な実験」が京都府で行われたのである。

この到達度評価研究のうねりはすぐに全国に広がり、一九七七年一〇月には東京到達度評価研究会（到達研）が発足している。滝沢はこの研究会の中核メンバーとして、当時大学院生だった大津悦夫と山口修平とともに青井小学校で到達度評価研究を進め、先に紹介したような実践を残すことになった。

一九八〇年には京都にも到達研が発足した。東京と京都で生まれた二つの到達研は次第に交流を深めるようになり、一九八三年には全国到達度評価研究会を発足させ、現在に至っている。

「目標に準拠した評価」を充実させるために

到達度評価の意義は何と言っても相対評価の非教育性を取り除いたところに見いだせる

だろう。相対評価では、必ずできない子がいるということが前提とされていたため、自分がのし上がるために他人を蹴落とすという排他的な競争が常態化しやすかった。これに対し、到達度評価では、努力次第で全員が「5」を取ることも可能で、クラス全員一丸となってお互いを高め合うという協力関係が生まれる可能性が拓かれていた。実際、滝沢の実践でも、子ども集団づくりが実践の要になっていた。

また、相対評価では集団内での位置しかわからなかった。つまり、そこでめざされている目標が何であるかは明らかになっていなかった。これでは、次にどこをどう修正していったらよいかが、子どもにも教師にもみえてこない。これに対し、到達度評価では、目標にどれくらい近づいているかが示される。これにより、子どもたちは目標達成に向けて何を努力すればよいかがみえやすくなり、教師も目標達成の状況をみながら授業改善に取り組めるようになった。

さらに、到達度評価において到達目標が明確に示されるということは、目標そのものの内実も問われるということでもある。これにより、設定した到達目標が適切であったか、また、その実現に向けて準備した教材や授業方法が妥当だったかを吟味できるようになった。こうして、すべての子どもに確かな学力を保障するためのわかる楽しい授業を実現する筋道が整えられたのである。

とはいえ、当時（一九七〇年代）、「通知表は到達度評価型だが、指導要録の評定は結局相対評価のまま」という「二重帳簿」の煩わしさに悩む教師は多かった。しかし、二〇〇二年改訂の指導要録において「目標に準拠した評価」が全面的に採用されたことにより、その煩わしさは幾分解消された。それでは「目標に準拠した評価」を進めるために、到達度評価の実践から何が学べるのだろうか。

まず、到達度評価の実践は、単に通知表の形式や評定方法の変更にとどまるものではなかった。到達目標を明確にした教育課程と、わかる楽しい授業の創造に向けた、あくなき挑戦のうえに成り立つものであった。今後、単に「目標に準拠した評価」という評価方法を採用するだけでなく、そこで準拠する目標をどう明確にし、その目標にもとづいて質の高い授業をどうつくっていくか、吟味していく必要がある。

また、到達度評価の実践は、「すべての子どもの学力保障」という理念のもと、その具現をめざして、地域の学校・教師すべてが協力して組織的に取り組むことで成り立つものであった。特に京都府の場合、それが、行政機関、保護者、教職員団体、各種研究団体など、さまざまな立場の総意にもとづいて取り組まれていた。「目標に準拠した評価」を生かした授業づくりを進めるために、学校の教職員そして地域住民がどう協働していくか、到達度評価実践の蓄積から学ぶことは多い。

到達度評価と教育評価研究の展開

全国到達度評価研究会の立場は、『だれでもできる到達度評価入門』（あゆみ出版、一九八九年）に整理されている。

到達度評価研究に理論的支柱を与えた人物に中内敏夫と稲葉宏雄がいる。二人の評価論はそれぞれ『中内敏夫著作集』第一巻（藤原書店、一九九八年）と『学力問題と到達度評価』（上・下巻、あゆみ出版、一九八五年）にまとめられている。

天野正輝は、『教育評価史研究』（東信堂、一九九三年）において、近代学校成立以降の教育評価実践の展開のなかに到達度評価運動を位置づけている。また、京都府教育委員会指導主事として到達度評価行政を主導していた遠藤光男とともに編んだ『到達度評価の理論と実践』（昭和堂、二〇〇二年）は、京都における到達度評価研究のあゆみを丁寧に振り返ったものとして貴重である。

最近の教育評価研究の成果を体系的にまとめたものに、田中耕治編『新しい教育評価の理論と方法』（全二巻、日本標準、二〇〇二年）や西岡加名恵『教科と総合に活かすポートフォリオ評価法』（図書文化、二〇〇三年）、寺西和子編『確かな力を育てるポートフォリオ評価の方法と実践』（黎明書房、二〇〇三年）がある。

また、田中耕治編『教育評価の未来を拓く』（ミネルヴァ書房、二〇〇三年）では、二〇〇二年度改訂指導要録より全面的に採用されるようになった「目標に準拠した評価」の影響と実践上の課題が、実地調査にもとづいて明らかにされている。安藤輝次は、『絶対評価と連動する発展的な学習』（黎明書房、二〇〇四年）を提唱している。

6 仲本正夫と「学力への挑戦」

――「数学だいきらい」からの出発――

「金八先生」も注目した仲本実践

テレビで「金八先生」を観た人は多いであろう。その最初のシリーズのころ、その後スターになったトシちゃん（田原俊彦）やマッチ（近藤真彦）が生徒役として出演していたときに、数学の若い先生が、数学の苦手な生徒を「ダボハゼ」と罵倒する場面が出てくる。それを聞いた金八先生は、猛然と奮起して、ある仕掛けを作って、生徒全員に「関数」概念を教えることに成功し、この先生の教育観をたしなめるというストーリーであった。

実は、このときに、金八先生が参考にした本こそ、仲本正夫《なかもとまさお》が著した『学力への挑戦』だった。テレビ場面では、金八先生が町の本屋でその本を偶然見つけるということになっていた。当時、熱心な金八先生ファンだった私は、早速にこの本を買い求めて読んだ。そして、少なからず衝撃を受けたことを思い出す。

この本は、埼玉でのいわゆる「底辺校」と呼ばれている、ある私立女子高校に勤務する仲本の実践記録として書かれたものである。そこには、小学校、中学校と進むなかで、数学に深い挫折感をもった生徒たちがあつまってくる。できれば、高校では数学から「解放」されたいというのが、彼女たちの本音であっただろう。そのような生徒を前にしての実践記録だった。

仲本は、この生徒たちに、高校数学の到達点とも言える「微分・積分」を全員が理解できるように教えようと決意する。次の場面は、その一コマである。


「びっくりしたの一言だ。だってまっすぐなんだもん。うそみたい！」


これは、一円玉を一五〇倍の顕微鏡でのぞいたときの生徒の感想のひとつである。生徒が、びっくりしてくれたり、感動してくれたりする授業がどんなにうれしいものかはなかなか言葉で言いあらわせない。こんな時は、教師の仕事に本当に生き甲斐を感じる時でもある。

それにしても、生徒は無関心とか、しらけているといわれることがあるが、この生徒の言葉には、青年のはつらつとしたひびきがある。生徒たちの心が、打てばこんなにも強烈にひびくということが示されているのだ。

一円玉と顕微鏡、それは奇妙なとりあわせともいえるだろう。しかし、これは、まったく手軽な誰にでもできる実験でもある。そして「まっすぐなんだもん……」ここに微分の秘密がある。

このことを、微分積分学の建設者の一人であったヨハン・ベルヌーイ（一六六七―一七四八）は、つぎのような言葉で言いあらわしている。

「すべての曲線は、無限に小さい直線を無限個集めたものである」と。

生徒たちは、顕微鏡を通して、曲線が無限に小さい直線でできていることを、その目でたしかめたのだ。

曲線だと思っているからとらえどころがないけれども、小さく小さく細分化していけば直線になる、その直線になった所をとり出してくれれば、傾きなどは簡単に計算できるのである。

このようにして、曲線というものをそのかぎりなく小さな直線部分からとらえるというのが微分の考え方の一つである。

一円玉を顕微鏡で見るということは、こういうことが、目にとびこんでくる白と黒のあざやかなコン

資料1　1円玉を顕微鏡でのぞくと……

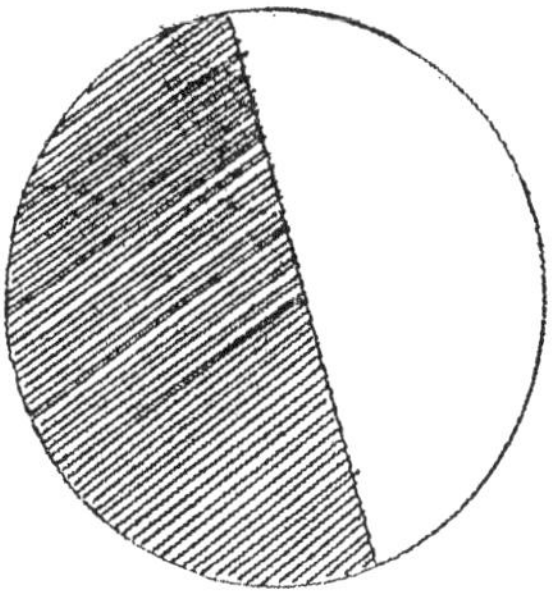

【出典】仲本正夫『学力への挑戦』労働旬報社、1979年、79頁。

トラストを分ける一本の直線によって直観的に理解できるのである。
（仲本正夫『学力への挑戦』労働旬報社、一九七九年、七七―七八頁）

この曲線を拡大すると限りなく直線に近づくという微分法の解説は、水道方式で有名な遠山啓に学んだものである。引用部分では、顕微鏡で一円玉を観察するという意外性に富んだ教材と教具の工夫によって、「数学だいきらい」な生徒たちを一瞬にして微分法の世界に導き入れている。そして、私自身が何よりも衝撃を受けたのは、このような実践過程を読むなかで、「微分・積分」の本当の意味をほとんど理解しないまま、ただその「解法」のみに熟達していたという、高校時代の勉強のあり方との違いであった。仲本は、この本のなかで、このほかにも実に多様な教材や教具を工夫して、「微分・積分」の意味を生徒に納得させせようとしている。

仲本実践の源泉

仲本正夫は、一九四〇年に福岡県に生まれ、小学校、中学校時代は四方を山に囲まれた福島県会津の小さな村で過ごした。その後、「三浪」して東京大学理科一類に入学する。その砂をかむような浪人時代にあって、少年のときに夕立の後で大きな美しい虹を深い緑の山に見たという体験と、虹がどのようにして太陽光によってできるのかという物理の勉強とが結びついたことに感動している。大学時代は、一五〇人ほどを擁するワンダー・フォーゲル部の主将として活躍し、一九六五年、大学卒業後に鹿島建設に入社している。仲本の話によれば、この企業勤めの間に大学時代には十分にできなかった哲学・経済学等の勉強を行ったという（二〇〇五年三月六日にインタビュー）。そして、一九六七年四月から実践の舞台となった山村女子高等学校に勤務するようになる。その後、二〇〇〇年三月の定年まで仲本の学力への挑戦が続くことになった。

仲本が勤めはじめたころの山村女子高等学校は商業科のみの学校であって、生徒全員が卒業後は就職していた。一九七四年に普通科が併設されるが、当時の大学進学者はきわめて少数であった。一九六〇年代に急速に高くなった高校進学率（一九六〇年五七・七％が一九七〇年八二・一％へ）を前にして打ち出された政府による「多様化政策」は、高校間格差や学科間・コース間格差を顕在化させはじめていた。高校進学をめざす多くの生徒は、いわゆる「輪切り」（都市部では「スライス」とも呼称）の進路指導によって、不本意な進学を余儀なくされるようになる。山村女子高等学校に入学してくる生徒たちも、多くの場合、深い失望と挫折を味わっていた。

このような「多様化政策」に抗して、一九六〇年代になると民間教育研究団体に自覚的な高校教師が参入してくる。たとえば、技術教育研究会（一九六〇年）、全国農業教育研究協議会（一九六二年）、全国高校生活指導研究協議会（一九六三年）、全国商業教育研究協議会（一九六九年）などが陸続と結成される。しかしながら、工学部の卒業であり、担当教科であった数学について当時は「仮免許」しかもたなかった仲本は、就職してから数年間は教科書中心の、通り一ぺんな授業をこなす程度であったという。そのような仲本に転機が訪れるのは、勤務校に組合を設立する運動にかかわるなかで、遠山啓たちによって著された数学教育協議会（一九五一年結成）の成果と出会ったことによる。おもに小学生や中学生を対象として開発・工夫された教材や教具に魅了され、そのことを通じて数学の本質を発見することによって、仲本は「つまずき」「落ちこぼれ」ている高校生たちにも学力を保障することは可能であるという信念をもちはじめる。そのようなときに遭遇した、高校数学を対象とした黒田俊郎の著作（『微分のひみつ』『積分のいずみ』）や中原宣（東京明治学院）の実践は、仲本の信念をますます強くしていくことになった。

また、同時に組合の全国教育研究集会で紹介された岐阜県恵那地方を中心として展開されていた生活綴方の実践にも強い関心をもつようになる。そこには、「書くこと」「表現すること」を通じて、教師と子どもたちが「本音」で生き生きと交流している姿が記録されていた。のちに仲本が、教科通信「数学だいきらい」や卒業論文「私の数学十二年」をはじめとして、生徒の表現活動を何よりも重視するヒントは、生活綴方実践に学んだことにあった。

このように数学教育協議会や生活綴方などのすぐれた成果に学びながら、仲本は数学に傷ついた生徒たちを前にして、「微分・積分」の学力をすべての生徒に保障しようとする実践を展開する。『学力への挑戦』（労働旬報社、一九七九年）、続いて発刊された『自立への挑戦』（同、一九八二年）、『数学が好きになる』（同、一九八八年）の三部作は、一九七五年度から一九八五年度にわたる一〇年間の実践記録であり、「悪戦苦闘」を交えながらも、数学の魅力に沸き立つ教師と生徒たちとの見事なアンサンブルを活写して、その後の高校教育実践に大きなインパクトを与えることになった。なお、『自立への挑戦』は、一九八三年に第四回教育科学研究会賞を受賞している。『新・学力への挑戦』（かもがわ出版、二〇〇五年）は、以上の三冊のエッセンスに加えて、それ以降の仲本実践の展開をおさめている。

生徒の発達可能性への確信

仲本が本格的に学力への挑戦を行うようになった直接のきっかけは、上田町子との出会いであった。一九七五年に同僚が出していた学級新聞に触発されて、一学期の中間テストではじめて生徒に感想文を書かせる。このなかで強烈な印象を与えたのが上田の感想文であって、「せめて30はとりたかった」という悲痛な叫びが書かれていた。仲本は、この叫びのなかに勉強ができるようになりたいという強い願いを読み取り、その願いに応答する

資料2　上田町子の感想文

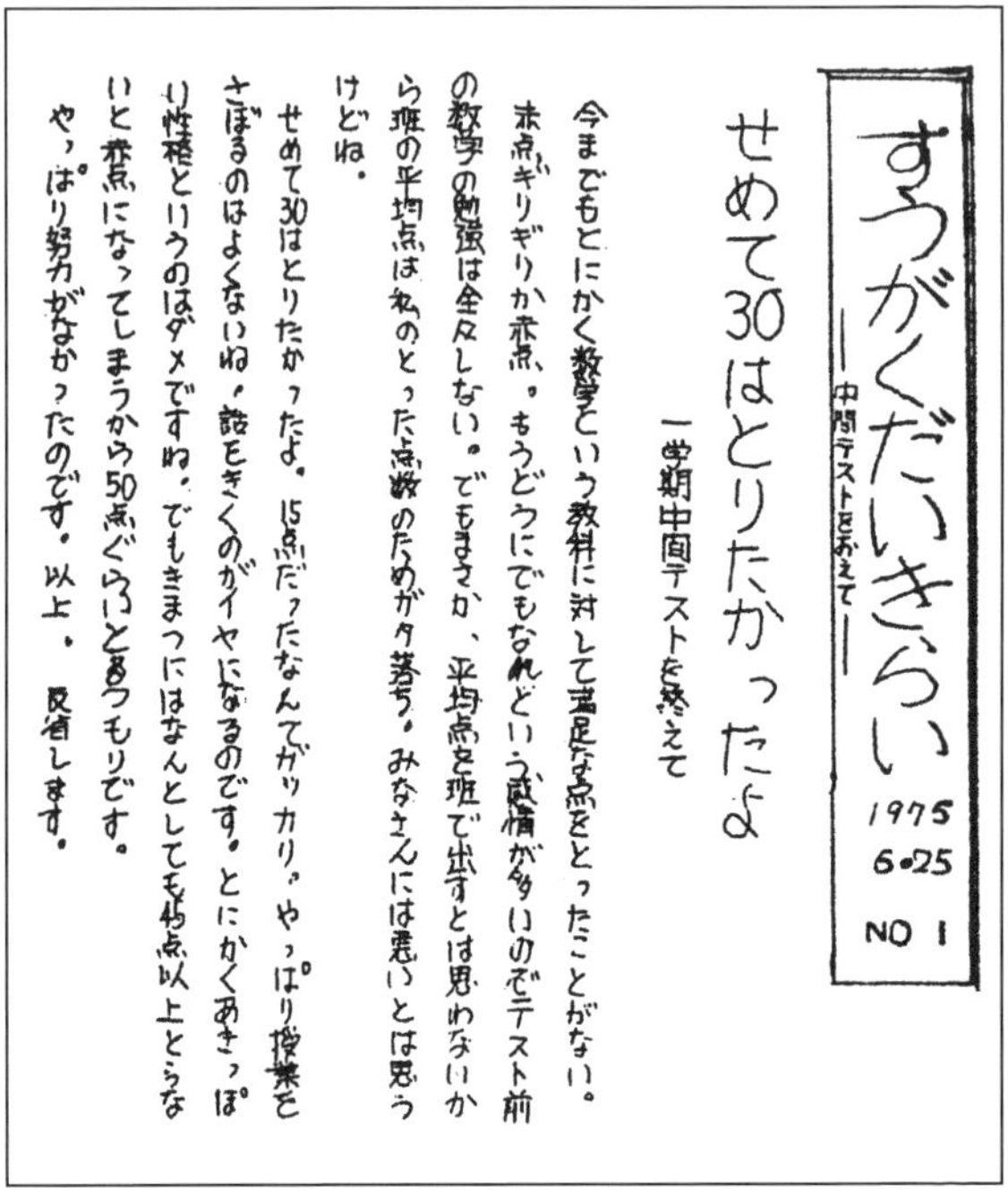
すうがくだいきらい
―中間テストをおえて―
1975
6・25
NO 1

せめて30はとりたかったよ
―学期中間テストを終えて

今までもとにかく数学という教科に対して満足な点をとったことがない。赤点ギリギリか赤点。もうどうにでもなれという感情が多いのでテスト前の数学の勉強は全々しない。でもまさか、平均点を班で出すとは思わなかったから班の平均点は私のとった点数のためガタ落ち。みなさんには悪いとは思うけどね。

せめて30はとりたかったよ。15点だったなんてガッカリ。やっぱり授業をさぼるのはよくないね。話をきくのがイヤになるのです。とにかくあきっぽい性格というのはダメですね。でもきまつにはなんとしても45点以上とらないと赤点になってしまうから50点ぐらいとるつもりです。

やっぱり努力がなかったのです。以上。　反省します。

（仲本正夫提供）

ように、上田の感想文を中心にして教科通信『すうがくだいきらい』第一号を刊行する（最初は「すうがく」はひらがな書きであった）。

その後の上田は、『すうがくだいきらい』で吐露した「本音」や「願い」をバネにして、数学と真正面から向き合うことになる。周知のように学校で教わる教科のなかでも、数学は特別な位置をもっていて、まるで頭のよしあしをはかるバロメーターのように思われている。そのために、数学で自らの自尊心ひいては人生そのものを傷つけられたという体験をもつ生徒は多い。小学校以来の算数・数学との「関係」を書かせた卒業論文「私の数学十二年」には、そのような生徒の恨みや挫折感が綿々と書きつづられている。たとえば、中学一年生のときの数学教師は「冬など雪が降ると問題のできない生徒の背中のなかに雪を入れてストーブのまわりにすわらせた」という残酷なことまでしていた。このような体験をもつ生徒たちにとって、数学を避けずに数学に真正面から向き合うことは、もう一度自らの人生に立ち向かうことを意味していた。

上田の数学への取り組みは目を見張るように変化していく。二学期の期末テストでは、五問中最初の二問だけではあったが、「きれいな字でしっかりと解答」した。それらは、勉強しなければ絶対にできない問題だった。さらには、三学期の「確率と統計」で正規分布曲線を学ぶなかで、「五段階相対評価は子どもの敵だ」というレポートを書く。そして、卒業試験では見事に一〇〇点をとるまでになった。仲本はそのときのことを次のように書いている。「祈るような思いで丸をつけて、もう一度たしかめて一〇〇点をつけたとき、私の胸は喜びであふれた。生徒はみんな力があるのだ。自分でその力がないと思いこみ逃げたりあきらめたりしていることが多いのだ」と（『学力への挑戦』一五七頁）。

この上田の自らの「壁」を破るような力強いあゆみは、何よりも仲本を揺さぶった。研究者たちの鋭い著作や教師たちのすぐれた実践記録から、子どもたちの発達可能性に関する信頼は深まっていた。しかし、それが確信となるには、何よりも目の前にいる生徒が示した発達の「事実」にまさるものはない。子どもたちの発達可能性への確信、それを媒介した教科通信「数学だいきらい」を携えて、仲本は一九七六年度から「微分・積分」の学力を保障するための本格的な授業づくりにチャレンジしていくことになる。

すべての生徒に微分・積分を！

高校生にふさわしい共通教養は存在するのかという課題は、今もなお熱い論点となっている。その場合、多様化・細分化した高校や学科・コースに所属する生徒たちに歴然と存在する学力格差や学習意欲格差（インセンティブ・ディバイド）を前にして、共通の教養を保障することなど到底不可能なことである。それゆえ、共通教養を論議することそれ自体が虚しいことではないかという意見をもつ人たちも多いことだろう。仲本は、このような一般的な状況に対して、自らの教育実践の事実を通してきっぱりと、高校数学の共通教養としての「微分・積分」をすべての生徒に教えることは可能であり、必要であると応答する。たとえば、『自立への挑戦』にも、仲本が一九八〇年度に担当した豊原みどりの「変化」がいきいきと描かれている。

それではなぜ「微分・積分」は共通教養になるのか。仲本は、「微分・積分」は自然科学の発達に決定的な役割を果たした分析（こまかく分けていって物ごとをつきとめる方法＝微分）と総合（一度こまかく分けていったものをもう一度つなぎあわせて全体像をつかむ方法＝積分）の方法を典型的に示すものであるという。そして、それを使って自然界の連続的な運動世界を読み解くという、クラス集団による知的な発見活動を通じて、世界を読み解く新しいメガネを獲得しようとする自分を励ます「もう一人の自分」の発見すなわち青年期に特有な人間的な自立を促すことにつながると述べている。ここには、学力形成と人格発達の課題を結びつけ、学力形成を通じて人格発達を促す仲本実践の真骨頂が示されている。

この「微分・積分」の学力をすべての生徒に保障するために、仲本は民間教育研究団体の豊かな成果に学びつつ、魅力あふれる教材や教具を工夫・開発している。冒頭にあげた「一円玉を顕微鏡でのぞく」ことをはじめとして、仲本から「折り紙で最大容積の箱を作る」(微分)ことや「放物線コマの重心を求める」(積分)ことを提案されて、その意外性に驚く生徒たちの興奮した声が実践記録のなかからまさに飛び出さんとしている。その際、仲本は教材や教具を通じて「微分・積分」の真正な世界に生徒が目を開くように、微分法という「高速道路」の有効性を実感させる方法として、面倒な計算を重ねる「山道」や「ジャリ道」を追体験させたり、「放物線コマは、静かに眠るようにまわる」という課題を与えて、「静かに眠るように」を保証する積分法の厳密さを体得させようとしている。

さらに仲本は、「数学を苦手とする」「高校生」を対象とする教育実践という条件を考慮する。まずは「微分・積分」のための基礎学力である「乗法の意味(一当り量×いくつ分=全体量)」と「関数の意味(働き)」を理解させるために、できない生徒にはそれ自体心理的な圧迫ともなる小学校や中学校の教科書を復習させるのではなく、その意味理解にとって典型的でかつ知的興味を引き起こすバイパス的な教材や教具を工夫している。冒頭で紹介した金八先生が注目したのは、「関数の意味」を「ブラックボックス」を使ってユーモアたっぷりに教える仲本の姿であった。また、「微分・積分」の学習をまとめるにあたって、遠山啓の著書（『数学入門』岩波新書、一九六〇年の下巻。『数学は変貌する』国土新書、一九七六年）を直接に取り上げて、生徒に読ませ、その内容を整理させている。それは総復習の役割を担いつつ、まさに数学者の本物の文章を読むという、高校生の知的水準に応え、高校生としての矜持を満たすものであった（『数学が好きになる』一二九—一三二頁）。

他方、このような教材や教具の工夫に代表される教師の取り組みが、生徒によってどの程度どのように受けとめられているのかをリアルに把握するために、生徒たちの生の「声」を包み隠さずにていねいに収録しているところに、仲本実践のもうひとつの魅力がある。それは、小テストを行ってマルをつけて返すという日常的な行為のなかにも、生徒の学習への思いや本音を引き出す教科新聞「数学だいきらい」や、生徒自らのライフヒストリーに数学の勉強史を織り込んだ卒業論文「私の数学十二年」にも見事にあらわれている。これらの取り組みは、教育評価論では形成的評価や総括的評価と称されるものであり、「私の数学十二年」などはポートフォリオ評価法そのものといってもよいだろう。しかしながら、時として生徒の厳しい「声」は仲本実践に反省と改善を促すことにもなる。従来から学習の総まとめとして取り組んでいた「微積分ノート」に対して、一九八二年度に起こった一部の生徒たちからの猛反発（「かぼちゃ買うのに微分がいるか」という声）は、仲本をいったんは打ちのめしてしまう（『数学が好きになる』五六―五九頁）。しかし、この苦しい挫折は次年度の三学期の実践を立て直すことにつながっていく。ここには教育活動を評価・反省することがまさに教育評価という営みであるという思想が身をもって示されている。

仲本実践が発表されておよそ十数年後に、藤岡貞彦が「『学力への挑戦』にたちもどる」（『教育』一九九四年五月号）という文章を発表している。「新学力」観や「学び」論の台頭によって、学力論が混迷していたときであった。その後、さらに一〇年を経て現在は「学力低下論争」後の学力論が問われはじめている。そこでは、学力の意味を無視して、訓練主義的な学力形成の方法を重視する考え方が、横行してきている。このようなときこそ、教科の本質を大切にする「教育と科学の結合」（数学教育協議会）と子どもたちの本音にせまる「教育と生活の結合」（生活綴方）というふたつの成果を引き継ぐ仲本の実践に、再び三たび「たちもどる」ことが求められているといえよう。

BOOK GUIDE ⑪

高校教育実践の可能性を拓く

高校教育の実践記録がまとまったかたちで登場するのは、「多様化政策」によって高校間格差が顕在化しはじめた一九七〇年代の中ごろあたりからである。仲本正夫も大きな影響を受けたとされる、若林繁太『教育は死なず』（労働旬報社、一九七八年）は、全国から非行退学生徒を受け入れた篠ノ井旭高校の実践記録で、後に映画化もされている。

脚本家・演出家のジェームズ三木がテレビドラマのために書いた『翼をください』（徳間書店、一九八八年）とそれの演劇を観た生徒たちによってつづられた青年劇場・高文研編『学校はどちらって聞かないで』（高文研、一九九四年）を読むと、「底辺校」で呻吟する生徒の声が聞こえてくる。一九八八年から全国の高校中退者を引き受けることになる北星学園余市高等学校『授業でつっぱる』（あゆみ出版、一九八四年）は、学力保障を軸にした高校再建の記録である。同じく、公立高校で学力保障の方針を堅持した小野英喜『学力保障と学校づくり』（三学出版、二〇〇四年）も貴重な記録となっている。

また、教育内容の創造を通じて新しい高校像を展望するものとして、寺島美紀子『英語学力への挑戦』（三友社、一九八七年）、岐阜物理サークル『のらねこの挑戦』（新生出版、一九九六年）、増島高敬『数学バンザイ！』（ふきのとう書房、二〇〇一年）、丸山慶喜『丸さんの明るい性教育』（民衆社、二〇〇四年）も興味深い。さらには、吉田和子『フェミニズム教育実践の創造』（青木書店、一九九七年）は、授業において生徒たち自身の問いを重視した実践を描いて論議を呼んだものである。

第3章

授業づくりと「生きる力」の育成をめざして

総合学習を学ぶ和光鶴川小学校の子どもたち（萱野勝美提供）

1　向山洋一と教育技術法則化運動
――跳び箱は誰でも跳ばせられる――

「法則化」の遠景

一九八〇年代後半以降、教師の世界に爆発的に広がった運動がある。「教育技術法則化運動（以下「法則化」と略す）」という。運動を立ち上げた人物は、東京都の小学校教師、向山洋一《むこうやまよういち》である。

八〇年代後半、教壇に立ちはじめた多くの若い教師は、子どもたちと格闘しながら手探りで日々の授業をこなしていた。当時、学校における日々の実践に寄与する研究を行おうと、教師と研究者が自主的に参加し活動する民間教育研究団体（以下「民間研」と略す）が、全国に数多くあった。なかでも、斎藤喜博の実践をすぐれた実践の典型として研究する「教授学研究の会」は、大きな影響力をもっていた。にもかかわらず多くの若い教師が、

「民間研」に積極的には参加しなくなっていた。「法則化」は、そんな教師たちからの支持を獲得することになった。全国各地で「法則化」サークルが誕生し、書店は「法則化」の書籍を平積みするコーナーを設置し、新聞各紙、テレビ各局が「法則化」を特集した。

では、「法則化」とはどのような運動なのだろうか。なぜ広まったのだろうか。「民間研」とどう違うのだろうか。これらの問いに答える前に、左の文章を紹介しよう。向山が「法則化」を立ち上げる出発点になったといえる文章である。この直前では、向山はまず、斎藤喜博の実践記録（『教育学のすすめ』筑摩書房、一九六九年）を引用し、跳び箱が跳べない子を「一五分で完全にとべるようにしてみせる自信を持っている」「授業の本質等を知っており……指導の技術なり方法なりを持っていれば、誰でもそういう指導はできるのである」という斎藤の主張を提示している。続けて向山は、次のように書いている。

私もまた、一五分で全員を跳ばせることができる。斎藤氏に似せて表現すれば、「跳ばせる技術」を、跳ばせられない教師に、五分で教えることもできる。こんな事をできる方は多くおられるだろうと思うし、大上段に言うのは恥かしいのだが、もし跳び箱が跳べない子がクラスにいる方は、ぜひ以下の内容を実践していただきたい。

（一）跳び箱が跳べない子は「腕を支点とした体重の移動」ができないためである。

それは、自転車に乗れない子が、乗っている感覚がわからないのと似ている。

自転車の荷台をつかまえて走らせるのと同じように、腕を支点とした体重の移動を体験させればよい。

(二) 私は体重移動の体験を、次の二点の方法で行う。

(A) 跳び箱をまたいですわらせ、腕に体重をかけさせて跳び降りさせる。「跳び箱を跳ぶというのは、このように両腕に体重がかかることなんだよ」と説明する。通例五、六回である。

(B) 跳び箱の横に立ち、走ってくる子の腕を片手でつかみ、おしりを片手で支えて跳ばせる。体重の重い子は、両手でおしりを支えても良い。段々跳べそうになるのが、手の平にかかる体重が軽くなることでわかる。通例七、八回である。

(A) の方法

(B) の方法

(三) (A) の方法ができない子は、つまり両腕で体重を支えられない子は跳べない。筋力の発達がそれ以前の段階だからである。但し相当の肥満児でもできる。私は虚弱児一例の経験がある。

(向山洋一『跳び箱は誰でも跳ばせられる』明治図書、一九八二年、八六頁)

教育実践研究を変えたい

　向山洋一（一九四三年生まれ）は、一九六八年に東京学芸大学社会科を卒業し、同年四月、東京都大田区立の小学校で教職に就いた。一九七九年に実践記録『斎藤喜博を追って』（昌平社出版、絶版／（『教師修行十年』と改題して明治図書から一九八六年に再版）を出版する。しかしこの時点ではまだ無名だった。一九八〇年、『現代教育科学』（二月号）に投稿論文が掲載され、誌上で行われていた論争に参戦した。それを皮切りに、明治図書のさまざまな雑誌上で、教育実践研究のあり方について主張を展開するようになる。右の文章もその一つである。

　さて、右の文章で向山が訴えたかったのは、次の一点につきる。「跳び箱を跳ばせる技術が教師の世界の常識にならなかったのはなぜか」。

　この問いに対する向山自身の答えは、およそ次の二つにまとめることができる。第一に、跳ばせる技術をもった人が、それを公開しなかった。第二に、跳ばせる技術を他人に伝わるように書かなかった。

　第一の点について、向山は斎藤に疑問を投げかけている。跳ばせる技術をもっているのであれば、なぜそれを公開しないのか、なぜ「私にはできる」「授業の本質等を知っていればできる」という態度を取るのか、と。そして向山は、斎藤のそのような態度は、実践を「私的財産」「隠し財産」にするものである、と批判した。

このような向山の主張の根底には、すぐれた教育実践は歴史的な所産であり、教師の世界の共有財産でなければならない、という考えがあった。すぐれた実践はそれまでに多くの教師が行ってきた実践の総和の結実であり、さらにすぐれた実践をつくりだしていくことはすべての教師が協力して取りくむべき仕事である、と向山は主張した。だから向山は、「跳ばせられない教師に、五分で教えることもできる」ということを重視したのである。

教師の実践を共有財産化するうえで、向山が不可欠であると考えたのが、実践から技術を取り出し、それを公開・検討・追試することだった。彼はこれを医学とのアナロジーで説明している。すなわち、「病気の治療技術を開発した医者は、それを公開する義務を負う。思想・信条・国家の違いをこえて公開される。それは検討・追試等の試練を経て人類の共有財産となる。すぐれた教育実践もまた、共有財産とすべき性格を持っている」（同右書、八七―八八頁）ということである。

ここで第二の点が問題になる。向山によると、教育実践研究の世界には、教育技術を分かち伝えられるように書く文化がない、したがって、教育技術の公開・検討・追試ができない、ということである。

そこで向山は、技術を共有財産化するという考え方を教育実践研究の世界に広め、そのための技術の公開・検討・追試という方法論を確立しようとしたのである。実際に彼は、跳べない原因を「『腕を支点とした体重の移動』ができない」と分析して明示し、跳ばす方法を（A）（B）二つに分けて図解し、さらに「通例五、六回」など回数まで具体的に書いている。このように、技術を公開する実例を示すことによって教育技術の共有財産化は可能であると訴え、仲間とともに運動を起こした。この運動が「法則化」である。

すべての教師がもっている教育技術を集めるという「法則化」の主張は、従来の教育実践研究のもつ弱さを衝くものだった。従来の教育実践研究は、研究者が理論化した○○方式といった指導方法を普及していくという発想に立っていた。そこにはまた、無名の教師がすでにもっている教育技術を積極的に掘り起こすような視点が弱かった。したがって、その指導方法が自身の実践に合う教師が実践研究の中心になりがちであった。「民間研」の弱さはそこにある、と向山は考えた。

それに対して「法則化」は、確立した指導方法の普及ではなく、すべての教師の日々の実践のなかに埋もれた数々の技術を、教師が自分たちの言葉で明らかにし蓄積していく旨を宣言した。果たして、「法則化」は急激な勢いで広まった。教師は、多様な指導方法に、そして自分たちの言葉で実践研究をすることに飢えていたのである。

募る！ 投稿論文

「あなたも書けます！」と題された文章が、明治図書から出版されていたすべての教育雑誌の一九八五年八月号以降の号において、一斉に掲載された。投稿論文を募るための「呼びかけ文」である。教師の教育技術を共有財産化するために「法則化」が取った具体的方法は、全国の教師から投稿論文を募集することだった。「呼びかけ文」のなかで、向山は、例として「水泳で伏し浮きを教えるとき、『体の力を抜いて』というより『おばけになって』という方が効果がある」という技術を紹介し、このような教育技術をどんなささやかなものでも論文にして投稿してくれるよう訴えた。

この「呼びかけ」に応じて九五二本もの論文が集まった。教育論文の応募企画では異例の数字である。一人で一〇一本もの論文を投稿した教師もいた。早速、これらの論文のなかから入選したものを収めた「教育技術の法則化シリーズ」第一期一二冊が出版された。そのなかには、「『電車の車掌さんはどんな仕事をしているでしょうか』という発問では子どもは動かないが、『電車の運転手さんは笛を鳴らします。誰に聞かせるのでしょう』と発問すれば必ず動く」「『ゴミを拾いなさい』というより、『ゴミを一〇個拾いなさい』という方が、子どもが動く」「『かさこじぞう』の五つの発問」といった内容の論文が収められている。

これらの例からもうかがえるが、「法則化」の論文の書き方には大きな特徴がある。次に典型的な例を示そう。投稿者自身の実践を論文にしたものである。

短い詩を授業する　東京都府中市立本宿小学校　石岡　房子

坂くだる寒き夕焼けに腕を振り　加藤　楸邨

黒板にこの句を書いてから、授業を始める。まず、教師が範読し、作者名に仮名をふる。

指示1　全員起立しなさい。
　2　暗誦するまで音読しなさい。〔中略〕

指示4まで、全ての子どもが終了したところで、次の指示を与える。

指示5　この句で話者の目に見えるものをすべてノートに書き出しなさい。

〔中略〕

発問1　話者は、坂をどこから見ていますか。ノートに書きなさい。

（向山洋一『国語の授業が楽しくなる』明治図書、一九八六年、六四―六五頁）

一見してわかるように、普通の実践記録とはまったく異なっている。特徴として指摘できるのは、第一に、授業の目標・ねらいを書いていない点である。第二に、発問・指示を明確に書き、枠で囲っている点である。第三に、断定の単文を積み重ねている点である。

これらは、向山自身が投稿者に求めた点であった。「法則化」の投稿論文では、授業の目標・ねらいを書くことは認められない。ただし向山は、教師は授業の目標・ねらいをもたなくていいと主張しているわけではない。授業の目標・ねらいは授業をする本人が文脈に応じてそのつど決めればいいことであり、論文に書かれるべきはあくまで具体的な教授行為である、と考えたのである。そこで、具体的な教授行為を他人に分かち伝えられるように文章化することが重要となる。したがって論文では、教師が実際に教室で発した言葉や行動だけに焦点を絞って報告することが求められた。その際、正確に再現できるように、曖昧な表現や文学的な表現は避け、すべて断定の論文調で書くことが求められたのである。

ただし、論文で取り上げられる対象は、発問・指示に限られているわけではない。「かけ算九九指導の順序」「漢字ビンゴ」「遠足のバスのなかで子どもが何時間でも熱中するゲーム」「黒板の消し方・使い方」「画鋲の挿し方」など、まさに何でもありである。

さて、向山が投稿論文を募った目的は、単に技術を収集するためだけではなかった。向山は、自分の実践を特に発問・指示という視点から文章化することによって、次第に授業において何が大切なのかがわかってくる、授業が「見える」ようになる、と主張した。つまり、投稿論文を募集することは、教師に授業分析・授業解説の力をつけさせる、という目的まで含んでいたのであった。

したがって、「法則化」に参加すると、「技術を知る――技術を使う――技術を発掘する目を養う」という一連のサイクルを経験することになる。このサイクルを繰り返すことによって教師の授業の腕はあがる、と向山は考えた。向山は「法則化」を、授業上達のための「教師修行」のシステムとして立ち上げたのだった。

教師の日常言語を検討する

「教育技術の法則化シリーズ」は版を重ね、論文の募集は、二期、三期と続いた。それにつれ、教育技術を検討・修正するという目的で、追試が多くなされるようになった。他人の実践記録である論文をそのまま、あるいは発問・指示を少し変えたり付け足したりしたものを指導案にして実践が行われるようになったのである。

「法則化」は、研究者や教師たちから数々の批判を引き起こしたが、批判のポイントはこの追試に集中していた。人の猿真似はだめだ、それぞれに異なる子どもたちを均質に物的に扱っている、なぜその技術が有効なのかが明示されていないまま追試していいのか、教育目標を吟味する回路が絶たれるのではないか、といった批判である。

「法則化」の追試については、もうひとつ問題点を指摘することができる。「法則化」では、追試が進むにつれ、指導案と実践記録が区別されなくなっていった。他人の実践記録をそのまま指導案にして実践し、その実践を発表するときには、指導案（＝他人の実践記録）を自分の実践記録として発表するからである。その結果、指導案に書いてあることしか授業の検討の対象にならなくなる。なぜ子どもが動いたのか、なぜ授業が盛り上がったのか、それを検討していくための素材は、指導案に書かれた教師の発問・指示だけに限られることになる。教師の発問・指示だけに意識が集中し、子どもどうしのやりとりなど、授業の細かい事実を見逃してしまうことになりかねない。

実際、向山自身の文章からは、授業を見る目の細やかさが少しずつ減っていったように感じられる。彼の処女作である『斎藤喜博を追って』を改題再収録した『教師修行十年』の記述を見てみよう。論文調ではなく物語ふうに書かれた実践記録である。左に示すのは、情緒障害をもつH男に教科書を読ませようと苦闘する場面である。

何か一言いった。小さな小さな声だった。「やれる」と思った。子ども達は本をきちんと持ちなおした。何かが始まりそうな、張りつめた空気が流れた。「そして……。」ついに読んだ。一行読んだ時、嵐のように長く続く熱い拍手が起った。人生に何度もあるものではない。魂がゆすぶられた時の拍手だった。

（向山洋一『教師修行十年』明治図書、一九八六年、六一頁）

ここでは、「本をきちんと持ちなおした」「張りつめた空気」など教室の様子が細かく描かれており、「やれる」といったその時々の向山の思いや苦悩や願いが読み手に伝わってくる。果たして、『教師修行十年』のような書き方と「法則化」の論文と、どちらが実践を共有するのに適しているのだろうか。「法則化」の論文は、実践を共有財産化する方法として、本当に適当だったのだろうか。これを突き詰めていくと、実践記録とは何なのか、何のために書いたり読んだりするのか、という問いに行き当たる。今後検討していかなければならない課題である。

課題を残しながらも、「法則化」では、教師の発問・指示が鋭くなっていったのも事実である。授業において子どもが動かざるを得ない状態にするために、教師たちは、教室で発する言葉を研ぎ澄ましていったのだった。

教師が実際に教室で発する言葉に注目し、それを検討の対象にすえた点で、やはり「法則化」は画期的であった。従来の授業研究においては検討の対象とされなかった教師の日常言語を検討の俎上《そじょう》に上げた「法則化」の功績は大きい。

なお、「法則化」は、向山が宣言していたとおり、二〇〇〇年をもって解散した。その後は活動拠点をウェブ上に移し、TOSSインターネットランドになっている。

授業研究の方法論を探る

「法則化」は、授業研究のひとつの方法論を提起したといえる。その方法論は、向山洋一『授業の腕を上げる法則』（明治図書、一九八五年）、『続・授業の腕を上げる法則』（明治図書、一九八六年）、に詳しい。

「法則化」より以前に、実践記録を「科学的」「客観的」にしようという努力があったことも忘れてはなるまい。重松鷹泰『授業分析の方法』（明治図書、一九六一年）や、全国授業研究協議会『授業研究入門』（明治図書、一九六五年）などである。これらには、授業の観察・記録・分析の方法などが具体的に示されている。

最近では、機器の進歩により、ビデオを使った授業研究が盛んになってきた。なかでも、ストップモーション方式が有名である。これは、実践が収められたビデオを複数で見ながら司会者がここぞと思う場面で一時停止をかけ、そのときの教師の指導について解説したり、その後教師がどのような指導をするかを予想したりすることで、授業の力量を高めようとする方法である。藤岡信勝『ストップモーション方式による授業研究の方法』（学事出版、一九九一年）、二杉孝司・藤川大祐・上條晴夫編『授業分析の基礎技術』（学事出版、二〇〇二年）を参照されたい。

また、ストップモーション方式とは異なるアプローチとして、カンファレンスがあげられる。カンファレンスとは、実践が収められたビデオを複数で見て授業を味わい、多角的に意見を出し合うことによって、実践を省察するという方法である。これについては、稲垣忠彦・佐藤学『授業研究入門』（岩波書店、一九九六年）が参考になる。

2 有田和正と教材づくり

――ネタを生かした社会科授業づくりの提案――

ネタのある授業

一九八〇年代。学校教育界に到来したのは、実用性の時代であった。それ以前のようにイデオロギーや教育信念によって教育を語る風潮は確実にかげり、かわって日々の実践に直結する方法や指導技術がもてはやされるようになった。

有田和正《ありたかずまさ》は、こうした時代の学校教育界に、颯爽《さっそう》と登場した。彼が注目を浴びたのは、おもに教材づくりを中心とした授業づくりにおいてであった。その名も、「ネタのある授業」。ネタとは何か。ネタがあるとはどういうことか。言葉で定義する前に、まず有田のネタのある授業そのものを紹介することにしよう。「道の変化とくらしの変化」と題された小学校三年生社会科の一コマである。

内藤60　先生、黒板の地図［教師が示した東京の地図］の◎は何ですか?
T61　何だと思う?［中略］
栗田64　四つあるね。
T65　先生のいたずらかな?
塩野66　それはありえるね。
村田67　そうそう。
中村68　先生、それは墓地でしょう。地図の墓地があってるもん。〈他の子ども一斉に地図をみる。中村は、全員持っている「新東京案内」という地図を、授業前から広げてみていた。寺のことをやってる時も中村は地図をみていた。やはり◎に目をつけて調べていたのだ。こういう子ども——違う視点でものをみる子——がクラスにいることが大切だ〉
C69　そうだ、墓地だ。［中略］
T79　……日本で初めての「公営墓地」、都が、当時は市かな、市が市民のためにつくった。大きな墓地をつくるとき、どんなところにつくるだろうね。
高橋80　それは、「町はずれ」でしょう。
T81　町の中にはつくらんかな?
C82　まさか。

塚田83　私だったら、やはり町はずれにつくるな。だって、墓地は悲しい、気持ちの悪いものだから、はじっこにやると思うよ。
栗田84　でも、ぼくは、いつも墓地で遊んでいるよ。
C85　ワー、気味悪い！
T86　栗田君は気味悪くないの？
栗田87　どうもないよ。沢山遊んでるもん。「あぶなくない」ってお母さんも言ってた。
T88　昔幽霊、今遊園地か。仏様も楽しいだろう。
糸井89　でもね、何だか気持ち悪いなあ。
T90　この四つの墓地も、町の中につくったのかな。
川上91　やはり町はずれじゃない。
T92　それが次第にこのようになった。〈墓地のまわりにビルが建ち、墓地にふとんをほしている写真を提示〉
塩野93　仏様、かわいそう。
内藤94　にぎやかで、いいかもしれないよ。
T95　墓地をつくったときは町はずれだったんだから、東京の町は――。
C96　その内側。
T97　そうね、この内側くらいということになるね。江戸時代は、二つの「兼康」のあるこのあたりまでが町で、明治の初めにこのあたりまで広がった。四つの墓地を線で結んだ内側だ。ここまでに住んでる人は「江戸っ子」で、この外側は「ど田舎」だ。君たちは「江戸っ子」だといって威張っているけど、百年前は先生と同じように田舎者だ。

とにかく、墓地や寺に目をつけても、町の広がりがわかるね。これが、だんだん町のまん中になった。家も墓地も満員になった。それでどうした?

村田[98]　もっとはじっこにいった。

(有田和正「3　東京の町の広がりについての追究」『考える子ども』第一二五回夏季集会特集号、一九八二年、三四―四三頁。図は省略した)

この授業は、東京の墓地と寺の分布を示す地図をもとに、東京の街区のひろがりを考える授業である。有田学級の子どもたちは、「ぼくは、いつも墓地で遊んでいるよ」「ワー、気味悪い」などと自分たちの「墓場経験」も交えつつ、自由に意見を発表している。この授業にとってネタに当たるのが、教師の提示した地図である。より正確に言うと、この地図の示唆する「墓地と寺の分布が、東京の街区の発展過程を表しているという意外な事実」が、この授業にとってのネタ＝教材である。

有田は言う。「子どもが本気になって追究しようとする『ネタ』がない授業では、子どもは低いレベルのところで遊ぶことになってしまう。［中略］授業づくりで第一に考えるべきことは、何で子どもの気持ちを引きつけ、興味をもたせるかということである。つまり、ネタを何にするかということである」（『教材発掘の基礎技術』明治図書、一九八七年、一三八頁）。彼の授業信念は、教材づくり＝「ネタさがし」を、他の何よりも優先するところにあるのだ。

一般に、授業づくりという場合、教えるべき目標や内容を決定したうえで、教材を構成するという順序を経る。大学の教育方法の講義でも、学校現場でも、この順序が授業づくりの常道であるとされる。また、学校現場の実際としては、こうした構成を前提として、いわば授業の既成パッケージである教科書の記述内容と順序に従って授業を進めていくことが通例になっている。これに対して、有田は、教材から授業をつくるという、こうした常道や通例とはまったく逆の道筋を大胆に提示したのである。

「タテマエ主義」への挑戦

有田和正は、一九三五年八月、福岡県田川郡川崎町に生まれた。玉川大学文学部教育学科を卒業後、福岡の公立小学校に勤務する。教師生活も四、五年と過ぎ、自らの授業実践がマンネリ化していることに気づいた有田青年は、自らへ発破をかけるために奈良女子大学文学部附属小学校の研究発表会に出かける。そこで同小の教師であった長岡文雄の授業を見て、「脳天をぶんなぐられたような強いショックを受け」、その感動をばねに本格的に授業の研究を行うようになったという（有田和正「長岡文雄の主張を授業で検証して」『授業研究』一九八四年九月号、七五頁）。

一九六七年、福岡教育大学附属小倉小学校へ転勤。同校で月に一回のペースで研究授業をこなすなか、四カ月かけて取り組んだ「ごみの授業」をきっかけにして、教材づくりの重要性と教材研究のおもしろさに気づくようになった。七六年に東京教育大学（現・筑波大学）附属小学校に転勤した後も、教材づくりの方法と理論の開発を中心として、精力的に教育実践、教育研究を展開した。これらの有田の実践記録は、彼が現職の間に出版した六〇冊もの著作に記されている。なお、その後九三年からは愛知教育大学に教授として着任。二〇〇〇年に定年退職し、その後は教材・授業開発研究所の所長として活躍している。

さて、有田をこれほどまでに突き動かしたエネルギーは何だったのか。それは、まず自らの内側に向かっては、長岡実践を目の当たりにしたときに感じた、自らの授業実践のまずさに対する自省の念であった。その一方で、自らの外側に向かっては、学校現場にはびこる悪しき風潮に対する強い不満であった。有田は言う。「大抵の研究校では、研究発表会の時には、厚くて立派な紀要が出される。堂々たるテーマが設定されていて、その設定理由も格調が高い。［中略］ところが、授業を見ると、以前とは全く変わっていないし、見方によっては、形にとらわれるようになった分だけ以前より悪くなっているともいえる場合もあるのである」（『子どもの生きる社会科授業の創造』明治図書、一九八二年、一五頁）。「形にとらわれる」実践は教師の自己満足に終わる。そこに子どもの成長の姿はない。有田はこうした学校現場の「欺瞞《ぎまん》」をきわめて厳しく指弾した。

さらに有田は、こうした「タテマエ主義」がはびこるのは、現場教師が「高邁な理論」や「流行の教育学説」に振り回され過ぎているからだという。有田は、学校現場を支配する「一部の教育学者や指導的教師」に手厳しい批判を投げかけると同時に、自らの同僚である現場教師たちには、「実践家は、もっと自分の実践を大切にせよ」（同右書、一五頁）と、教育実践に直接携わる現場人としての主体性と誇りを取り戻すよう鼓舞したのである。

では現場教師が主体性を発揮する場とはどこにあるのか。現場教師が「勝負」する場はどこか。それは授業そのものである。授業案や教科書どおりに進むことを至上命題とする「タテマエ主義」の授業では、子どもが動くべくもない。このような授業を、外部にいる「指導者」ではなく、現場教師たちが内部からうち破らなくてはならない。こうして有田は、質の高い授業づくりとそれを通した子どもの成長という二つの重なり合う課題を、徹底的に掘り下げていくことを、実践家としての自らの使命と考えたのである。

育て、追究の鬼

それでは、有田が追究した質の高い授業とは、一体どのようなものか。また、自らの授業によって、子どものどのような成長を期待したのだろうか。

教師の授業づくりにかけるこうした信念は、その教師が実践記録のなかで取り上げた子どもの作文に如実に投影されるといわれる。ここで、有田が紹介した一編の作文を取りあげよう。社会科で「わたしたちの給食室」の単元を学習していた一年生の作文である。

七月一五日　　一年　もとはしまき子

きのう、かぞくで　しょくじに　いきました。わたしは、さっそく　コックさんをみました。コックさんは、きゅうしょくのおばさんににているが、やりかたが　ぜんぜん　ちがいます。きゅうしょくのおばさんは、ざいりょうを　どさっと　なべの中に　なげこむが、コックさんは　すこしずつやさしくいれて　手がとてもはやくうごきます。わたしは、さすがプロだなとおもいました。コックさんは、きゅうしょくのおばさんより　カッコよかったです。

（同右書、一四二頁）

小学校低学年の作文といえば、どうしても、経験した事実を時間軸通りに羅列したものになりやすい。しかし、この女児の場合、家族で食事に行った際に見たコックの仕事を、社会科で学習している「きゅうしょくのおばさん」の手のうごきと比べながら観察し、

「さすがプロだな」とそのすごさを自分の言葉で生き生きと表現している。有田は、この女児の作文に見られるような、これまでは当たり前だと思って気にもかけなかったことをとことんまで追究していく姿勢を最も重視し、こうした追究ができる子どもを「追究の鬼」と呼んで大いに称揚した。

子どもたちを「追究の鬼」に育てること、それが有田の授業にかける信念の中心であった。ところで、このような子どもを育てるために、教師はどのような仕事をしなければならないのか。ここで重要になってくるのが、授業におけるネタの存在である。

冒頭で示したとおり、ネタとは、子どもたちにとって意外な事実を含む教材のことを指す。「東京の墓地や寺の分布と東京の街区の広がりが対応している」というネタはすでに紹介したが、ほかにも有田は、たとえば、「江戸時代の大名は、大名行列の途中、『厠かご』（トイレットカー）で用を足していた」（六年）、「沖縄のサトウキビが全部同じ長さで曲がっているのは、台風によって倒れるため」（四年）など、数多くのネタを発掘し、公開している。有田は、授業づくりのための時間の多くを、このネタの発掘と構成に割いた。こうしたネタは多くは有田の日常生活のなかから発掘されるものだが、日常にある素材をネタとして教材化するまでには、長くて三、四年かかるものもあるという。

ネタのある授業は、教科書をもとに教師が話し、子どもが行儀よく着席して聞くという授業のスタイルに比べると、かなり異質な授業である。有田は、授業の随所で、クイズ番組の司会者よろしく「墓地は街のどこにつくるのがいいだろう?」「殿様はどうやって行列中にトイレに行っていたの?」などと問う。子どもたちは、有田の突拍子もない問いにいぶかりつつも、「ああでもない、こうでもない」と自らの説を披歴することで、授業に「参加」してくる。それに対し、有田は、子どもたちの説を比較しあったり、時には逆の事実を提示してその説に「つきこみ」をかけたりすることで、授業の流れをつくっていく。

とはいえ、ここで急いで注意しなければならないことがある。ネタのある授業の真意は、子どもたちの興味を惹《ひ》きそうな問いを投げかけることで、ただ授業をおもしろおかしくすることにあるわけではない。子どもたちは、教師の投げ込んだネタによって、これまで既知だと思い込んできたことを大きくゆさぶられる。「答え」は、子どもたちのよりどころである教科書や参考書にそのまま書かれているわけではない。子どもたちは、意表を突かれ、自らの認識の曖昧《あいまい》さを思い知らされることで、困惑し、驚き、葛藤する。こうした気持ちに突き動かされて、子どもたちは、教師からいちいち「調べましょう」と言われなくても、追究せずにはいられない心境に追い込まれる。

このように、既知だと思っていたことが実は未知であり、追究によってそれがようやく既知に変わるという一連の認識の過程を、いささかドラマチックに演出したものが、ネタのある授業である。すなわちネタとは、子どもを「追究しないと落ち着かない」状態に促すための「仕掛け」の役割を担わされていたのである。

このようにみると、有田の授業は、見た目の「お手軽さ」とは裏腹に、教師と子どもたちとのゆるみのない真剣勝負の場であることがわかる。教師は、安定を求めて「それらしい答え」を出そうとする子どもたちをつきこんでゆさぶる。それにこたえて、子どもたちは、授業時間を大きくはみ出して追究し、再び安定に至ろうとする。こうした緊張関係の繰り返しが有田の授業の本質である。つきこみ、ゆさぶることが教師の役割であった。そして追究を通して世界への認識を広げることが、有田が期待する子どもの成長であった。

授業を「つくる」楽しさと苦しさ

以上のように、有田和正は、冒頭に述べたような狭い教育技術がもてはやされる時代の風潮にあって、それを否定するのではなく、かといって表層的なテクニック論に終わらせないで、ネタを通した子どもの「追究」という、包括的な授業づくり論を提起した。こうした意味で有田は、同時代の「授業の名人」と呼ばれたわけであり、同時に「授業づくりの名人」たりえたのである。

さて、こうした「名人の授業」から、私たちは何を学ぶことができるのだろうか。もちろん、個別のネタや指導技術について学ぶ点は多くある。その一方で、有田の実践は、そうした個別の技術を越えて、授業づくりに臨む際の視座、言い換えれば「授業づくり観」を示唆しているのではないか。ここでは二つの示唆をあげておきたい。

第一に、教科書教材に安穏とするのではなく、少しでも子どもたちの追究を生む教材をつくろうとする授業改善の意欲についてである。これは、教師が自分のクラスの子どものの成長を真に願うからこそ生まれる意欲であろう。「この教材を出せばきっとあの子はこんな反応をして、またあの子はあんなことを言い出して……」という構想を楽しめるのは、ある意味で教師の特権であるといえるだろう。

第二に、「教材から授業をつくる」という授業づくりの道筋についてである。「教育目標、教育内容から教材へ」という授業づくりの常道が一般論として正しいことは言うまでもないが、現実問題として、教育内容に適合する教材がいつでもすぐに見つかるわけではない。そこで教師は、教える内容については考慮しつつも、常日ごろから現実生活のなかに教材化の可能な素材を見つけるための「アンテナ」を張っていることが求められる。

「タテマエ主義」の授業を厳しく批判し、子どもたちが考え、意見し、調べる、すなわち追究しつづける授業を懸命につくりつづけた有田和正。学力低下の声を受けて、ドリル練習が安易にもてはやされている現状を見るにつけ、私たちは今こそあらためて、彼の授業実践から、授業のもつ意味や教材のもつ本来の力を考え直さなければならない。

社会科教育のあゆみをたどる

日本の社会科は、一九四七年に誕生して以来、二つの大きな考え方が絡み合いながら、教科としてのフレームをかたち作っていった。

その一つは、子どもの生活や思考過程を授業づくりで第一に考える経験主義の考え方である。もう一つは、社会科学の本質を主軸に据えた教科内容編成をすすめる系統主義（科学主義）の考え方である。社会科の初志をつらぬく会編『問題解決学習の展開』（明治図書、一九七〇年）、教育科学研究会社会科部会編『社会科教育の理論』（麦書房、一九六六年）には、経験主義と系統主義との激しい舌戦の様子が記録されている。また、それぞれを代表する授業実践として、経験主義については、長岡文雄『考えあう授業』（黎明書房、一九七二年）や、若狭蔵之助『生活のある学校』（中央公論社、一九七七年）などが、系統主義については、白井春男編『人間とはなにか・ものをつくる授業』（太郎次郎社、一九七五年）や鈴木正気『川口港から外港へ』（草土文化、一九七八年）などがある。

一九八〇年ごろになると、これらの二者択一ではなく、より柔軟な社会科実践が次々と登場する。有田和正をはじめ、安井俊夫『子どもが動く社会科』（地歴社、一九八二年）、山本典人『小学生の歴史教室』（上・下巻、あゆみ出版、一九八五―八六年）、加藤公明『わくわく論争！考える日本史授業』（地歴社、一九九一年）には着目しておきたい。

なお、社会科教育の全体像をとらえるには、社会認識教育学会編『社会科教育学ハンドブック』明治図書、一九九四年）や、谷川彰英総監修『名著118選でわかる社会科47年史』明治図書、一九九四年）が便利である。

3　金森俊朗といのちの学習

――生と死のリアリティの回復を求めて――

妊婦やガン患者、障害をもった人を教室に招く

教室に妊婦を招く。あるいは末期ガン患者を呼んで話をしてもらう。いずれも、単に思いつきで行える取り組みではない。出産という性に関する事柄を子どもたちがふざけずに扱えるだろうか。万一、死産になったり、障害をもつ子が生まれてきたりした場合に子どもに説明できるだろうか。末期ガン患者が語る死についての話を子どもは興味をもって聞くことができるだろうか。さらには、教師である自分は、死に直面する人を前にして、浅薄に生きるぶざまな姿をさらさずにおれるだろうか。

ふつうの教師なら、こうした不安が頭をよぎり、これらの取り組みを避ける。性や死に関する内容を扱うこと自体、学校ではほとんどタブーにされてきた。

しかし、こうした内容を正面からとりあげ、妊婦やガン患者、障害をもった人を教室に招く実践を行ってきた教師がいる。金森俊朗《かなもりとしろう》である。彼は、「いのちの学習」というキーワードのもと、生と死について考える実践を展開してきた。

ここでは、「いのちの学習」を代表する実践記録『性の授業　死の授業』より、妊婦の佐々木さんを初めて教室に招いた場面を紹介しよう。一九八九年七月二一日のこと。佐々木さんは、学級の佐々木嘉子の母親で、当時妊娠七カ月であった。おなかが大きい佐々木さんを目の前にした子どもたちは、次々に質問を浴びせる。

「本当に蹴るがあ?　痛くない?」

おなかをさすっている佐々木さんに、いつも笑顔の雄介君が心配そうにたずねる。

「痛いときもあるけど大丈夫。元気に育っている証拠だからうれしいんだよ。『おお、元気だね、よしよし』って話しながらさすってあげるんや。おばちゃんはもう四人目なのでだいたいのことはわかるので安心しておれるん。みんなの声を聞いてよろこんではしゃいでいるのかもしれないね。元気なみんなもそうやってお母さんのおなかのなかで動きまわっていたと思うよ」

私が「雄介、お前なんか人一倍暴れまくっていたかもしれんぞ」と言うと、雄介君は「えへへへん」と笑いながら「お前もやぞ」と似た者どうしに声をかけながら照れている。

みんなとはちょっとちがう角度から発言することの多い宙大君が突然、「結婚しなくても子どもは生まれるのですか」とたずねた。佐々木さんは答えていいものか躊躇しながら私のほうを向く。私は「佐々木さんの思ったとおり、遠慮せず答えて」と促す。

「結婚しなくても、うーんと男と女が愛して、産みたいと思えばできるよ」ととまどいながら佐々木さんが答えると、子どもたちにざわめきが起こる。「動物はそうやがいや、交尾すれば子どもは生まれるがい」などという声は聞こえるが、屈託のないはずの三年生の子どもでも、私のちょっぴりの期待に反してさすがに「交尾したんですか」と聞く子はいない。

でも「お父さんの役割は何ですか」と、発言リード役の謙治君がまわりにせきたてられて質問する。「ほうや、なんかお母さんばっかりひどい（大変）みたい」という女子の声が聞こえてくる。［中略］

岳大君が「ボク知っとる。命のもとをお母さんにあげるんや」と言う。［中略］

拍手が終わると岳大君が私のところへ来て、「先生、佐々木さんのあのおなかは硬いの？」とたずねる。「それが不思議だったら、佐々木さんにお願いしてそっと触らせてもらったら」。

岳大君は教室を出ようとしていた佐々木さんのところに飛んでいった。ＯＫをもらい、触らせてもらって叫んだ。「うわあ！　ぱんぱんや！」手で佐々木さんのおなかをなでまわして「おばちゃん、元気な赤ちゃんが生まれるといいね。絶対に元気な赤ちゃん産んでや」と言う。岳大君の叫びを聞きつけて、雄介君、亮治君、宙大君たちやんちゃものが、同じようにおなかを触りなでた。

（金森俊朗・村井淳志『性の授業　死の授業』教育史料出版会、一九九六年、四一―四四頁）

「いのち」について話し合えるクラス

出産の当事者である佐々木さんと出会うことによって、子どもたちは、ほかのやり方ではできない学び方をしている。

子どもたちは、佐々木さんの大きなおなかを見たとたん、「重そうやなあ」と声をもらした。そして、「痛くない？」「硬いの？」とさまざまな疑問を抱いた。さらに、「結婚しなくても子どもは生まれるのですか」と、誕生の仕組みについても不思議に感じ、佐々木さんに尋ね、自分たちの知恵を出し合った。このように、子どもたちは実際の姿を目の当たりにすることによって、自然に学習を開始する。

しかし、当事者との出会いによってもたらされるものは、それだけではない。赤ちゃんにおなかを蹴られても「元気だね」と言ってさすってあげる佐々木さんの姿から、子どもたちは、母の子への愛情を知る。出産には、母親一人の力だけでなく、多くの人の支えが必要であることも学ぶ。子どもたちは、おそらく、おなかのなかの赤ちゃんに自分を重ね合わせるだろう（実際、級友の嘉子は佐々木さんのおなかのなかから生まれてきたのだ）。自分の命が、さまざまな人の苦労と愛情によって生まれてきたことも知るだろう。

出産であれ病気であれ障害であれ、当事者が抱えている事情は一人ひとり異なる。佐々木さんの場合も、四人目の出産、逆子といった独特の事情があった。こうした個別具体的な事情は、出産などの問題について学ぶとき、邪魔になるものだろうか。金森は、そうではないと考える。むしろ、個別具体的な事情を抱えて当事者が生きている姿（「本物の生きる姿」）にふれることによってこそ、子どもたちは自分の生活と結びつけて問題をとらえることができ、命についてより深く学べるのだと金森は考えている。

「いのちの学習」は、当事者を招いた特別の機会以外にも行われる。金森は、普段の学習のなかでも、折にふれて命について考えさせる。

たとえば、給食が始まるときにはすべての食材を子どもに調べさせ、自分たちが他の生物の命のもと（卵など）、命を育てるもの（牛乳など）、命そのもの（ネギなど）を食べていること、その種類が膨大な数にのぼることに気づかせる。自分や家族の誕生とその後の人生についての家族への聞き取り調査では、子どもたちは、「いのちのリレー」のか細さ、奇跡的な存在としての自分たちに気づいていく。漢字の成り立ちの学習のときにも、検尿のときにも、金森は命との結びつきを子どもたちに語る。

金森の「いのちの学習」では、命の問題を扱う系統的なプログラムが、普段の学習とは別に定められているわけではない。むしろ、生きていることの素晴らしさを実感し、生命の連綿としたつながりに気づき、生死や性愛の問題について率直に語り合う学習活動の総体が「いのちの学習」である。

教室に妊婦やガン患者、障害をもった人を招くという取り組みも、日々の学習の延長線上で行われる。そのため、この取り組みが、その場限りの単発の行事には終わらない。

佐々木さんを招いたあと、子どもは、自分がおなかのなかにいたころや生まれたときの様子を家族から聞き込んで発表し合い、佐々木さんとも手紙を介してやりとりを続けている。佐々木さんが、男の子を無事出産した後は、赤ちゃんを連れて再び教室に来てもらって祝福をした。招いた人が佐々木さんほど身近にいる人ではない場合でも、出会ったときの対話のなかで残されていた課題を深める学習をその後も続けている。

なぜ金森学級の子どもたちは、このように性や死、病気や障害について関心をもち、率直に話し合うことができるのか。

これは偶然の産物ではない。金森による日々の実践の積みあげが生み出したものである。普段から子どもたちが「耕されている」からこそ、特別の機会を生かすことができるのである。そうした日常の取り組みの様子について次に見ていこう。

豊富な体験と自分の言葉

「いのちの学習」を支えているもの。それはまず、事物や人に直接的に出会う体験の豊富さである。金森学級では、同僚教師が驚くほどに、教室の外に飛び出して学習を行う。文学作品の舞台に繰り出し、「川の最初の一滴」を見るために川の源流を訪れ、農業の学習のために農家の人を訪ねてまわる。金森学級の子どもにとって、学ぶ場所は学校にとどまらないし、教わる相手は教師に限らない。放課後や休日にも、子どもたちは自主的にグループを組織して調査活動に乗り出す。

こうした活動のさらなる土台として金森が重視しているものがある。それは「ボディ・コミュニケーション」、川・土・雨・仲間などに思いきり体をぶつける遊びの体験である。土砂降りの雨のなかで行う「どろんこサッカー」、三メートル以上もの高さから淵に飛び込む川遊び、激しく体をぶつけ合いながら陣地をとりあう「Sケン」……。

このような遊びは、一九五〇年代や六〇年代ならば、学校の時間外で子どもが勝手に行っていたものだろう。しかし、現代の子どもはそうした体験を失ってしまった。体を使う激しい遊びの魅力も知らなくなった。

そのため、金森は、最初の段階では自分が率先してリードすることで、その魅力を伝えようとする。難易度を考慮した「Sケン」の線の引き方、ルールをめぐっていざこざが起きたときの迅速な処理、「どろんこサッカー」で汚れることへの抵抗を打ち砕くための工夫、淵への飛び込みのための入念な下見と万一の場合への備え。金森は、まさに自分が「でっかいガキ大将」（『太陽の学校』教育史料出版会、一九八八年）となって子どもたちを率いるのである。

なぜこのような体験が必要なのか。金森は言う。

川で泳いだことのない子どもたちが、どうして水質汚染の問題を自分のこととして受けとめられるだろうか。読書によって目の前にとてつもなく大きな世界が開かれたと感じたことのない子どもたちが、視覚障害者の点字文化と読書の苦闘に共感することができようか。生きているという実感を自覚することなく、漫然と毎日の時間を過去へと押し込んでいるような子どもたちが、どうして同じ年ごろの子どもの自殺をいたましいと感じることができるだろうか。

（『性の授業　死の授業』二一―二二頁）

豊富な体験を通して得られる「生きるってすばらしい！」という充実感が、「いのちの学習」の土台となっている。

ただし、体験だけで十分なわけではない。体験だけでは、その意味を深められない。金森は、同時に、言葉を使った交流も重視している。自分が伝えたいことを話し、友達の発表を聞く。自分が考えたことや感じたことを文章に書き、友達が書いたものを読む。こうした機会を保障するために、金森は「班ノート」や「手紙ノート」といった仕掛けを用意してきた。「手紙ノート」とは、学級の誰かにあてて書いた文章である。毎日三人が家で書いてきて、朝の最初の時間に全員の前で読む。読む前に、感想を求める相手を指名する。指名された子は、手紙ノートを聞いた後で、すぐに「返事」を返す。他の子どもも話に加わる。「あて先」を意識して書かれている点が「手紙ノート」の特徴である。「手紙ノート」などの仕掛けは、一回行えば終わりというものではない。毎日繰り返すことで意味が出てくる。「手紙ノート」の発表のなかには、他愛のない内容のものもある。子どもが退屈するときもあるだろう。しかし、日常的に交流の機会があるからこそ、時として濃密なやりとりが生まれる。

おばあちゃんを亡くしたときの出来事を書いたある男の子の「手紙ノート」と、それに続いてみんなが語った祖父母を亡くしたときの話を聞いて、父親がいないことを今まで黙っていた女の子が、はじめてそれを語り出す（NHK「こども」プロジェクト『4年1組命の授業』日本放送出版協会、二〇〇三年、二六一三二頁）。悪口を言ってくる二人の男の子にあてて抗議の「手紙ノート」を書いたことによって、見て見ぬふりをしていた他の子どもたちも、止められなかった自分の弱さ、ずるさを語りはじめ、翌日以降も「手紙ノート」でのやりとりが続く（金森俊朗『いのちの教科書』角川書店、二〇〇三年、四四―四六頁）。こうした場面では、教室の集中がぐっと深まる。

金森は、子どもが借り物の言葉をしゃべることを許さない。クラス内で起きたいじめの問題について子どもたちが他人事のように発言を続けるとき、金森は、友達のことを笑ったりうわさを広めたりしていた自分の心に向き合うよう、強く迫る。子どもが本当に自分の感覚と結びつけて言葉を発しているか、金森は鋭く吟味する。

ガンで胃をすべて摘出した種村エイ子さんを招いたとき、次のようなことがあった。種村さんは、『100万回生きたねこ』の絵本を、ガンになってから読んだときに「いちばん勇気をもらった」本として紹介していた。翌日、金森はこの絵本を読み聞かせ、子どもに「なぜいちばん勇気をもらったのか」を考えさせた。子どもたちは、種村さんの話のなかに出てきた「一〇〇パーセント生きる」という表現を使って、次のように書いている。「でもねこは一〇〇パーセント生きたんだ。ねこみたいに、種村さんは、『私も一〇〇パーセント生きるぞ！』と思ったのだと私は思います。種村さんみたいに私も本に勇気づけられるかもしれません」。「ぼくも一〇〇パーセント生きたら、もっともっと生きようと思わず、『やりたいことはやった』と思い死んでいくと考えたと思います」。

金森は、こうした感想を受けとめたうえで、さらに、みんなが言う「一〇〇パーセント生きる」の中身は同じかと問いかける。そして、このような「ひとことでまとめた言葉」を使って「分かった気に」なるのではなく「自分の言葉」で言えるようにすることを子どもたちに求めるのである（種村エイ子『「死」を学ぶ子どもたち』教育史料出版会、一九九八年、一四九―一八二頁）。

豊富な体験と自分の言葉。両者は別々のものではない。体験をやりっぱなしで終わらせるのではなく、それを言い表す自分の言葉を見つける作業によって、体験の意味をとらえなおす。また逆に、言葉を確かなものにするためにも体験が必要となる。「一〇〇パーセント生きる」は、言葉としては同じ。一人ひとりにとってその具体的な中身が異なることに気づくには、一人ひとりにこの言葉と結びつくような体験が必要なのである。

「いのちの学習」の土台には、こうした豊富な体験と自分の言葉との確かな結びつきがある。

生と死のリアリティの回復を求めて

金森は、一九四六年、石川県で農家の次男として生まれた。少年時代は、稲たばをかついで運ぶなどの仕事の手伝いをしながら、豊富な自然のなかで遊び、「ガキ大将」になって過ごした。金沢大学教育学部在学中、中野光の教えを受け、生活教育の思想に共鳴。小学校教員となってからは、物や人との直接的な出会いを求め、地域に飛び出す実践を積み重ねていく。その過程では、教科書以外の自主編成教材の使用などにクレームをつける校長らと激しくたたかうこともあったという。一九八八年、最初の著書『太陽の学校』（教育史料出版会、一九八八年）を出版。一九八五年度の六年生クラスの一年間を描いたものである。続いて、『町にとびだせ探偵団』（ゆい書房、一九九四年）を出版。一九九二年度の四年生クラスの子どもたちが「探偵団」を結成し、米作りや用水について学校の内外で調査活動を進める様子を物語のかたちにまとめている。

金森の実践には、生活教育の思想が底流している。教育と生活の結合をめざすこの思想の歴史は古い。しかし、子どもを取り巻く状況は年々変わる。かつて学校外に存在した、子どもが自らの生の輝きを実感できる場は、八〇年代や九〇年代になると失われてしまった。金森はそうした状況下で、子どもの生活における生と死のリアリティの欠如を憂い、「いのちの学習」というかたちでその回復に取り組んでいる。

いじめによる自殺というニュースが報道されるたび、道徳教育の強化が叫ばれたり、「命を大切に」というアピールが出されたりする。しかし、命の教育は、教師が「命を大切にしましょう」と言い、子どもが「命を大切にしたいと思います」と答えるだけでは成り立たないものである。生活教育の思想に裏打ちされ、豊富な体験と言葉を使った交流に支えられた金森の「いのちの学習」は、そうした言語主義に陥った教育に対して鋭い批判を投げかけている。

生と死、そして身体性をめぐって

まず、人間の生と死を直接扱うものから紹介しよう。本文にも登場した種村エイ子は、金森実践に影響を受けて自らもガン患者として「死の授業」を始めた一人。『「死」を学ぶ子どもたち』（教育史料出版会、一九九八年）にその様子が収められている。茅ヶ崎市立浜之郷小学校の大瀬敏昭は、初代校長として学校づくりを進めてきたとき、末期ガンを宣告された。大瀬敏昭『輝け！いのちの授業』（小学館、二〇〇四年）、神奈川新聞報道部『いのちの授業　がんと闘った大瀬校長の六年間』（新潮社、二〇〇五年）には、死の直前まで続いた「いのちの授業」と、ケアリングの発想を取り入れた学校づくりの様子が描かれる。理論的考察のためには、「死への準備教育」を掲げるアルフォンス・デーケンの『生と死の教育』（岩波書店、二〇〇一年）を読んでおこう。

続いて、他の生き物の生と死を扱うもの。鳥山敏子『いのちに触れる』（太郎次郎社、一九八五年）は、「ニワトリを殺して食べる」授業の記録を収める。これは、屠殺体験によって命の尊さを実感する授業の先駆となった。この授業を受けた元生徒への聞き取りおよび考察を含む、村井淳志『「いのち」を食べる私たち』（教育史料出版会、二〇〇一年）もあわせて読んでおきたい。

生の基盤は身体。しかし、学校教育において身体の意義はしばしば閑却されてきた。学びの身体性を回復する実践的試みの例として、鳥山敏子『イメージをさぐる』（太郎次郎社、一九八五年）、竹内敏晴『からだ・演劇・教育』（岩波書店、一九八九年）、久保敏彦『教室に〝学びのライブ〟がやってきた！』（太郎次郎社、一九九七年）の三冊が参考になる。

4 和光小学校・和光鶴川小学校と総合学習

――「実感のある学び」と「血の通った学力」を――

子どもたちの「問い」を深める

「二一世紀の学校教育に向けて、従来の学校教育を広く問い直す」。このような主旨にもとづく一九九八年の学習指導要領改訂は、わが国の戦後六〇年の学校教育のあゆみのなかでも、他に類をみない大きな変革を日本の教師と学校に求めるものとなった。なかでも「生きる力」の育成をめざした「総合的な学習の時間」の導入は、改革の目玉である。しかし、各学校に対し「創意工夫」を生かした「特色ある教育活動」の展開を求める大改革に、戸惑いを覚える教師たちも少なくはない。そうしたなか、こうした教師たちに希望の光を与えた学校がある。東京の和光小学校と和光鶴川小学校（学校法人和光学園初等部。以下、両校を総称して「和光小」と呼ぶ）である。

まずはその実践をみてみよう。紹介するのは一九九九年に行われた三年生の「総合学習」、「黒川を学ぶ」の一場面である。二回目の探検の成果から五つの「なぞ」を手にした子どもたちは、三回目の探検で次第に「なぞ」を解いていく。このとき、「めずらしい生き物がどうしていなくなったのか？」という「なぞ」には、二つのグループ（「探検隊」）が挑戦していた。

一つめのグループは、調べたことをまとめた「黒川生き物レポート新聞」に、地元の物知り博士「市川さん」から聞いた答えとして、「環境が悪くなった。その理由は、川の部分がコンクリートで固められてしまって、すめなくなってしまった」と報告していた。もう一つのグループは、とにかく生き物をつかまえることを目的にしていたが、めずらしいザリガニの子どもを見つけるという大発見をした。このグループの新聞「虫虫新聞」には、ザリガニがなぜいたのかの予想として、「ザリガニのいた場所は、川の下が土だからザリガニが下にもぐれるからいると思う」、また、なぜ今は少なくなったのかの予想として、「川の下がコンクリートになったからザリガニがもぐれなくなったからいなくなった」と書かれていた。次に示すのは、これらの新聞を見比べながら学級で話し合っている場面である。

……この2つの発見から川がコンクリートに変わって、生き物のすむところがなくなってしまったことがわかりました。明弥子さんは「どうしてコンクリートにしたの?」と言いました。私は市川さんから聞いていたこと、どの畑や田んぼにも水がうまく流れるようにコンクリートにしたんだということを教えました。川がコンクリートになって田畑に水がうまく流れると野菜やお米がたくさんとれます。でも生き物はすめなくなって減っていきます。どっちがいいのだろう?

「ぼくは生き物がすめなくなるのは少し反対だ。でも自分たちがご飯をいっぱい食べられたりするから今のままでも別にいい。」(雄貴)

「私はコンクリートの水を使うのはちょっとさんせいなんだけど、また、人間はお米がとれたりしていいんだけど。生き物にとっては、とっても、いやだから私は生き物の『み』にもなってみろと思う。」(明弥子)

「フナ、ザリガニ、メダカがいなくなるのは私はいや! でもそういうふうにしないと、私たちはご飯や野菜やお肉が食べられなくなって死んじゃうんだよねー。虫が死んじゃうのもやだけど、ご飯が食べられなくなるのもやだ。ご飯が食べられて虫が死んじゃうのもやだ。コンクリートでやるのもやだけど、土もやだ。どうすれば虫も死なないで野菜やご飯が食べられるんだろうね。」(優)

(和田仁「3年生　黒川を学ぶ」行田稔彦・園田洋一編『はじめての総合学習　3・4学年——和光鶴川小学校の計画と実践』旬報社、一九九九年、七〇—七二頁)

引用部分の冒頭、子どもたちは、当初の「なぞ」（「めずらしい生き物はどうしていなくなったのか？」）への答えを手に入れている。ところが、明弥子さんの疑問（「どうしてコンクリートにしたの？」）から、一転「生き物」と「わたし」の間に横たわる難しい問題に直面して、「虫が死んじゃうのもやだけど、ご飯が食べられなくなるのもやだ。……どうすれば虫も死なないで野菜やご飯が食べられるんだろうね」と、いっそう頭を悩ませてしまう。ここには、子どもたちが自分の目や耳・頭と心と体をフルに使って事実をとらえ、さらに学級全体で「問い」を育て深めあうなかで、「他の生命との共存」という難しい課題を抱えた自分の生活世界に出会いなおしている姿、また、矛盾を抱えた生活現実を真剣に受け止めて、「どうすればいいのだろう？」と懸命に考えている姿が描かれている。

「総合学習」のベーシックプラン

和田教諭の実践「黒川を学ぶ」がその一例を示しているように、和光小の「総合学習」は、子どもたちの身近な生活を窓口に現代社会の矛盾に迫るという点に大きな特質をもっている。それぞれのテーマに長い時間を費やしてダイナミックにせまり、しかも子どもたちの問いをじっくりと育てながらていねいに展開される。たとえば、三年生の初めに「カイコ」の飼育に夢中になった子どもたちは、四年生で「川」を舞台に魚とりから環境問題をとらえ、五年生では「ほんものの○○（米・豆腐・そばなど）づくりに挑戦」。「食」を窓口にさらに鋭く深く日本社会の矛盾や問題に迫っていく。そして、集大成となる六年生では、基地や一五年戦争について学び、民舞エイサーを身につけ、実際に「沖縄」の地を訪れる。現地では、ひめゆり部隊の宮良さんたちに戦争体験の話を聞き、嘉手納基地や集団自決の舞台・渡嘉敷島を訪ねるなかで、あらためて「沖縄」が語る日本社会の問題と向き合い、日本、そして〝私〟をめぐる命と平和の問題について考えていくのである。

こうした和光小の「総合学習」実践がもつ魅力や特色・実践の力強さは、どこから生まれてくるのだろうか。

和光小における「総合学習」の最大の特徴は、第一に、「総合学習」を他の領域では代用できない固有の目的や内容・方法をもつ「領域」ととらえ、これを教育課程にきちんと位置づけて展開していることである。「教科」「自治的・文化的活動（いわゆる教科外活動）」「総合学習」の三つの領域で構成された独自の教育課程のなかで、「総合学習」は「現代生活のなかに今日的な課題をとらえ、仲間とともに問題解決の主人公となって積極的に学び、主権者としての自覚を深め、自立した市民を育てる」ことを目的に、「人間としていきて行く上で切実な今日的な課題を、身近な問題から本質的な問題へと迫って行く学習」とされ、子どもたちが「問題解決的で分析的総合的な学習」に取り組む領域として位置づけられている（『和光鶴川小学校公開研究会発表要項』一九九九年、一三頁）。

第二に、各学年の主題と領域を示したゆるやかなカリキュラムが設定されている点に注目する必要があるだろう。これを和光小では、ベーシックプランと呼んでいる。和光小の「総合学習」は、一・二年生の「生活べんきょう」を土台として、三年生から六年生で行われる。「総合学習」は、いずれの学年も二つのテーマを核にしている。それぞれのテーマに四カ月・六カ月・八カ月という長い時間があてられている。三年生では「カイコ」と「地域にある素材」(「柿」「炭」「黒川」など)、四年生は「多摩川/鶴見川」「福祉施設」、五年生は「食からのぞく現代」「思春期の体と心」がテーマとなっている。六年生では「沖縄」について学んだ後、「下級生に伝える私の一冊本」をまとめて六年間を締めくくる。和光小の「総合学習」は、毎年このベーシックプランにそって展開される。

和光小の教師たちは、「総合学習」づくりにおいて最も大切なのはその内容、つまり子どもたちに追究させるテーマの質だと考えている。「総合学習」がほんものの「総合学習」となるためには、そのテーマは単に総合的というだけでなく、子どもたちが現代社会を生きていくうえで切実な課題性をもったものでなくてはならない。子どもたちの生活現実にあって彼らが生きていくうえで切実な課題性をもったテーマ――それは「人間の尊厳」と「平和の希求」「自然と人間の共存」ではないか。ベーシックプランは、こうした教師たちの時代認識と課題意識を体現したものである。

しかしながら、こうした和光小の「総合学習」については、それでは結局のところ「大人から」の総合学習で、果たして子どもが自分の「問い」に突き動かされるような総合学習になるのかという声、あるいはまた、たとえ優れたテーマであっても例年同じでは新鮮味がなく、実践が形骸化するのでは、といった声が聞こえてくる。しかし、事実は逆である。子どもたちは「総合学習」において教師以上にこだわりをもって粘り強くテーマを追究し、公開研には毎年新たな実践の姿が報告されている。

なぜだろうか。これには二つの鍵がある。一つは、教師たちがテーマへのこだわりとともに、「実感のある学び」を創り、子どもたちに「血の通った学力」を育むことに大きなこだわりをもっているからである。和光小の教師たちは、まず「実感のある学び」に向けて「総合学習」を、①やっていることが自分の生活や社会につながっているという実感がもてる学習、②役立つだけでなく、わくわく・どきどきといった知的興奮を伴う学習、③大人の社会や生活と結びついていることを自覚する学習、④こんなことが考えられるようになったという自己肯定感をもたらす学習にしようと、指導にあたっている。そのうえで、獲得した知が子どもの血となり肉となり、彼らの周りの世界とのかかわりを変える、そういう「血の通った学力」を育むために、次の四点に心を配っている。①五感を通して見る・聞く・やってみる・考える学習を大切にすること、②子どもの問いを育てること。つまり、一人の疑問やつぶやきをみんなに返して、みんなで解き明かす問いへと高め、これを解明する学習活動を組織すること、③子どもが学び、考えたことを表現する活動を大切にすること、④こうした学習の過程を通して、子どもの新しい自分探しを応援していくこと、である。これらの心配りが、教師たちの指導方法を支えている。

もう一つの鍵となっているのは、「伝える会」である。和光小では「総合学習」の締めくくりに一冊の冊子をまとめ、これをもとに子どもたち一人ひとりが自分の保護者と下級生に学習の成果を伝えている。これが「伝える会」で、たとえば六年生から五年生へは、「五年生○○くんへ　君はこれから沖縄を学んでいく。なぜ沖縄を学ぶかというと、沖縄を通すと日本の姿がよくわかるからだ。それに沖縄を学ぶと『いのち』の大切さがとてもよくわかる……」といった手紙が渡される。こうして「総合学習」のテーマは、上級生の達成感や誇り・願い、学習をくぐって築かれた興奮や新たな世界観とともに、ひとつのかけがえのないものとして、下級生の手に引き継がれていくのである。

「総合学習」の誕生とあゆみ

では、こうした「総合学習」の実践はどのようにして育まれてきたのだろうか。ここでは、和光小における「総合学習」の誕生とそのあゆみをひもといてみよう。

和光小は、一九三三年、東京世田谷の地に誕生した。戦後初期、今日の「総合学習」の源流となる実践が展開される。子どもの生活を題材に、その生活世界を拓かせ、彼らの生活をより豊かにすることをめざした生活単元学習の実践である。そこでは、生活を中核に位置づけたカリキュラムづくり、すなわちコア・カリキュラムが開発された。一九五〇年、和光小は、民間教育団体コア・カリキュラム連盟（現在の日本生活教育連盟。一九五三年に改称）の実験学校になる。同連盟は、子どもとその生活を中心にした教育を主張する石山脩平・梅根悟らを中心として一九四八年に発足した団体であり、戦後の「新教育」運動をリードした。翌五一年に和光小は公開授業を開始し、一躍「新教育」のメッカとなった。

「教育の現代化」の流れのなかで生活単元学習はいったん下火になるが、和光小では一九七五年に「総合学習」を復活させる。子どもたちに見られる労働体験の不足・手や体を使う機能の衰えを問題視するところから、見る・聞く・さわる・つくる・しらべる・つかうなどの具体的な経験や、活動・事実を通しての学習の必要性が主張されるようになり、一九七五年、「低学年・総合」が開始される。その種をまいたのは、一九七一年、初めて一年生を担任した西口教諭が手探りで行った、理科と社会の時間を使っての「たんけん」の授業だった。この授業では、地域の探検やあひるの飼育を通して、子どもたちが自然と人や社会・自然につながり、生き生きとしかも確実に学んでいった。一方、このとき高学年の教師たちは、ベトナム戦争を前に自分たちは何をすべきかを考えており、奇しくも同じ年に六年生では「学習旅行ヒロシマ」が開始された。

一九七〇年代の日本においては、高度経済成長のひずみから各地で公害や薬害・食品汚染の問題が深刻化したほか、落ちこぼれや非行・校内暴力といった問題に学校そのものが問われはじめていた。一九七六年には、日教組の中央教育課程検討委員会（梅根悟委員長）

が「総合学習」を提案する。かつての指導者の呼び声は和光小の教師たちを強く励ましたに違いない。丸木政臣校長を中心に和光小の教師たちは、精力的に梅根悟と日本生活教育連盟の総合学習論に学び、さらには生活単元学習をめぐるコア・カリキュラム連盟時代の議論やその後の社会科研究の成果を学んでいった。

一九八五年、和光小は一〇年間にわたる「低学年・総合」の経験と「学習旅行ヒロシマ」の成果をふまえて、全学年での「総合学習」実施に踏み切ると同時に、「総合学習」の内容そのものを刷新するにいたる。「総合学習」の本質を現代社会における基本的な問題と人間的課題に迫るものととらえ直し、ここから低学年の「総合」と高学年の「総合」の質的な相違を明確にしようと、低学年「総合」を「生活べんきょう」と改名した。また、「総合学習」は方法概念でなく目的概念だという自覚は、「教科」「自治的・文化的活動」「総合学習」の三領域教育課程を生み、ここに今日に続く「領域」としての「総合学習」が幕を明けたのだった。

一九九〇年代から二一世紀へと進むなかで、子どもたちはますます原体験を失い、社会が見通せない時代となっている。和光小の教師たちは、今こそ「総合学習」が、子どもたちの学びの要求に答える学習、生きることと学ぶことをつなぐ学習としてきわめて大きな意味をもつと考えている。一九九〇年代後半からは、教師一人ひとりが自身の学級の「総合学習」実践に大きな力を注ぎつつ、よりよい実践に向けて試行錯誤する教師を教師集団として互いに支えあい磨きあおうと、検討会や研究合宿など学校全体での取り組みが進められている。一九九八年の「総合的な学習の時間」設置以降は、著作『和光鶴川小学校の計画と実践』（全三巻、旬報社、一九九九年）、『和光小学校の総合学習』（全三巻、民衆社、二〇〇〇年）の出版や、公開研究会・講演とさまざまなかたちでその実践を公開し、全国の志を同じくする教師たちに明日へのヒントと勇気を与えている。

「総合学習」と「教科」の相互環流

和光小の「総合学習」は、子どもたちの身近な生活現実を窓口に、そこから現代社会の基本的問題や今日の人間的課題に迫る教育である。子どもたちは、そうした「総合学習」の取り組みのなかで、自分たちで考えて学ぶことの喜びや、失敗や試行錯誤を恐れずに探究することの楽しさ、物事の本質に迫り、深く事実をつかむことの大切さを体得している。

しかし、和光小は決して「総合学習」だけに力を注いでいるわけではない。その教育課程が端的に示しているように、和光小は「教科」と「自治的・文化的活動（教科外活動）」と「総合学習」のすべてを通して子どもたちに豊かな学校生活と確かな学力・魅力あふれる人間性を保障しようという立場をとっている。和光小は、とりわけ「総合学習」と「教科」の関係を「相互環流」ととらえている。「相互環流」とは、子どもの学習についていえば、教科の学習で獲得した知識が「総合学習」の課題追究的な学習を深め、「総合学習」

で得た問題意識が教科の学習を意味づけ、動機づけるということである。また、教師の指導や教育課程の編成という視点からいえば、教科において科学の系統や認識の基礎的方法を培うことなくしては充実した「総合学習」実践は望めぬ一方、「総合学習」が従来の教科教育や教科課程のあり方を問い返し、それが教育実践全体の前進につながるということである。和光小では、こうした「相互環流」の視点から、たとえば五年生の「総合学習」「食からのぞく現代」にあわせて、学習指導要領では六年生に位置づけられている「動物と養分」「植物と養分」の単元を五年生に移行するといった工夫を施している。このような工夫は、教育課程全体の整合性を高めるものである。教育課程全体を通して子どもたちにひとまとまりの教育を、という和光小の呼びかけを、私たちは見落としてはならない。

歴史が示すとおり、和光小の教師たちは、子どもたちに人間としての全面的な発達と成長を保障する教育とはいかなるものかという問いを前提に、目の前の子どもに学びながら教材や授業書・教育課程を一つ一つ手づくりし、実践を通してその妥当性を問う「手づくり教育」を積み重ねてきた。その実践の足場を確かなものにしたのは、教育課程の自主編成の取り組みと教師たちの実践研究、そして戦後初期の遺産などに学ぶということであった。和光小の「総合学習」は、それらの豊かな蓄積の上に築かれている。今日、各学校での創意工夫をこらした教育課程開発をめざす教師たちに、和光小の教師たちは呼びかけている。失敗を恐れず、「手づくり教育」を進めよう。子どもたちと向き合いながら。

生活教育と総合学習の展開

「総合的な学習の時間」の導入によって、誰もが総合学習に取り組む今こそ、生活教育の遺産や伝統校の事例に学んでみたいものだ。

生活教育についてその理論と歴史を概観しようという方には、日本生活教育連盟（日生連）の『日本の生活教育五〇年』（学文社、一九九八年）や川合章の『生活教育の一〇〇年』（星林社、二〇〇〇年）を、源流に遡って当時の理論を学びたいという方には、石山脩平『コア・カリキュラムの精神』（誠文堂新光社、一九四九年）と梅根悟『コア・カリキュラム』（光文社、一九四九年）をおすすめする。日生連と生活教育の最新動向を知るには、機関誌『生活教育』ほかホームページが便利だ。

一方、総合学習のカリキュラム開発や授業づくりに取り組む方には、天野正輝編『総合的学習のカリキュラム創造』（ミネルヴァ書房、一九九九年）や今谷順重編『総合的な学習と特色あるカリキュラム経営』（黎明書房、一九九九年）が参考になる。

また、和光小とともに戦後新教育を担った伝統校のその後に興味のある方には、田中耕治編『「総合学習」の可能性を問う――奈良女子大学文学部附属小学校の「しごと」実践に学ぶ』（ミネルヴァ書房、一九九九年）がおもしろい。

なお、総合学習における具体的な指導のあり方や教科との相互環流の図り方を知りたい方には、ビデオ：田中耕治監修『実践！自ら考える生徒たち――総合から教科へ、谷口中学の取り組み』（岩波映像、二〇〇三年）や宮本浩子ほか『総合と教科の確かな学力を育むポートフォリオ評価法・実践編』（日本標準、二〇〇四年）をおすすめしたい。

戦後教育実践史年表　1945年～2005年

社会の動き・教育政策	西暦	教育実践・運動・主な文献
第二次世界大戦終戦	1945	
第一次米国教育使節団報告書・日本国憲法公布	1946	
学習指導要領一般編（試案）	1947	「日本教職員組合」＜日教組＞結成
教育基本法・学校教育法公布		「日本民主主義教育協会」＜民教協＞結成
		「明石プラン」「川口プラン」発表
新制高等学校発足	1948	「コア・カリキュラム連盟」結成
教育委員会法公布		
社会教育法公布	1949	「歴史教育者協議会」＜歴教協＞結成
		※「地域教育計画」運動広がる。
		石山脩平『コア・カリキュラムの精神』
		梅根悟『コア・カリキュラム』
朝鮮戦争	1950	「日本綴方の会」結成
第二次米国教育使節団来日		石橋勝治『学級経営の方法』
		※新教育に対する批判が盛んになる。
学習指導要領一般編（試案）改訂	1951	日教組第1回全国教育研究大会＜教研集会＞
対日講和条約・日米安全保障条約調印		「数学教育協議会」＜数教協＞結成
		無着成恭編『山びこ学校』
	1952	「教育科学研究会」＜教科研＞再建大会
	1953	「全国同和教育研究協議会」＜全同教＞結成
		遠山啓編『新しい数学教室』
教育二法公布(教育の政治的中立確保)	1954	「科学教育研究協議会」＜科教協＞結成
		相川日出雄『新しい地歴教育』
高等学校学習指導要領（一般編）	1955	「学校体育研究同志会」結成
小学校社会科の指導要領改訂		小西健二郎『学級革命』・土田茂範『村の一年生』
経済白書「もはや戦後ではない」	1956	田中実編『新しい理科教室』
文部省が初の全国学力調査を実施		佐々木賢太郎『体育の子』・戸田唯巳『学級というなかま』
新教育委員会法公布		※道徳教育・勤務評定問題等で文部省と日教組の対立強まる。
	1957	東井義雄『村を育てる学力』

小・中学校学習指導要領改訂	1958	「社会科の初志をつらぬく会」＜初志の会＞結成 斎藤喜博編『未来につながる学力』
	1959	「全国生活指導研究協議会」＜全生研＞結成 「新英語教育研究会」＜新英研＞結成 砂沢喜代治編『学習過程の実践的研究』
新日米安全保障条約調印 経済審議会「国民所得倍増計画」 高等学校学習指導要領改訂	1960	遠山啓・銀林浩『水道方式による計算体系』 斎藤喜博『授業入門』 ※高校全入運動高まる。
学校教育法一部改正（高等専門学校設置） 中学校で全国一斉学力テスト実施	1961	※「教育の現代化」に関する議論盛んになる。
	1962	宮坂哲文『生活指導の基礎理論』
経済審議会「経済発展における人的能力開発の課題と対策」答申	1963	大西忠治『核のいる学級』 全生研常任委員会『学級集団づくり入門』 「仮説実験授業」の提唱
東京オリンピック	1964	「日本教育方法学会」設立 勝田守一『能力と発達と学習』
中教審「期待される人間像」発表	1965	糸賀一雄『この子らを世の光に』 庄司和晃『仮説実験授業』
	1966	大村はま『やさしい国語教室』 板倉聖宣『未来の科学教育』 岩手県杜陵小学校『学習集団による授業改造』
全国一斉学力テスト中止	1967	柴田義松『現代の教授学』 「全国障害者問題研究会」結成
小学校学習指導要領改訂	1968	※大学紛争起こる。
中学校学習指導要領改訂	1969	竹内常一『生活指導の理論』 須長茂夫『どぶ川学級』
OECD教育調査団来日 教科書裁判（杉本判決） 高等学校学習指導要領改訂	1970	「極地方式研究会」発足 初志の会『問題解決学習の展開』
盲・聾・養護学校小学・中学部学習指導要領改訂 ※「落ちこぼれ」問題広がる。	1971	中内敏夫『学力と評価の理論』
盲・聾・養護学校高等部学習指導要領改訂	1972	「文芸教育研究協議会」＜文芸研＞結成

社会の動き・教育政策	西暦	教育実践・運動・主な文献
	1972	青木嗣夫編『僕、学校へ行くんやで』
オイルショック	1973	林竹二『授業　人間について』
高校進学率90%を超える	1974	吉本均『訓育的教授の理論』
「主任制」公示	1975	白井春男編『人間とは何か―ものをつくる授業』
		京都府教育委員会『到達度評価への改善を進めるために』
	1976	岸本裕史『どの子も伸びる』
		日教組教育課程検討委員会『教育課程改革試案』
		庄司和晃『仮説実験授業と認識の理論』
小・中学校学習指導要領改訂	1977	桐山京子『学校はぼくの生きがい』
高等学校学習指導要領改訂	1978	鈴木正気『川口港から外港へ』
		玉田泰太郎『理科授業の創造』
		若林繁太『教育は死なず』
国公立大学共通一次試験開始	1979	佐々木元禧編『到達度評価』
第二次オイルショック		仲本正夫『学力への挑戦』
盲・聾・養護学校学習指導要領改訂		
※校内暴力が問題になる。	1980	田中昌人『人間発達の科学』
	1981	
	1982	安井俊夫『子どもが動く社会科』
	1983	「全国到達度評価研究会」発足
臨時教育審議会発足	1984	大津悦夫ほか『わかる授業づくりと到達度評価』
		北星学園余市高等学校『授業でつっぱる』
		「教育技術の法則化運動」始まる
※いじめ問題が増加する。	1985	山本典人『小学生の歴史教室』
		向山洋一『授業の腕をあげる法則』
	1986	鳥山敏子『いのちに触れる』
臨時教育審議会「教育改革に関する第四次答申（最終答申）」提出	1987	有田和正『教材発掘の基礎技術』
		大津和子『社会科＝一本のバナナから』
単位制高校制度発足	1988	
初任者研修制度導入		
小・中・高等学校学習指導要領改訂	1989	
ベルリンの壁崩壊		

国連「子どもの権利条約」採択（日本は1994年に発効）	1989	
大学入試センター試験実施	1990	
湾岸戦争	1991	加藤公明『わくわく論争！考える歴史の授業』
ソビエト連邦消滅		
バブル経済の崩壊		
学校週5日制を月一回導入	1992	「きのくに子どもの村小学校」開校
※不登校が問題となる。		
文部省、業者テスト排除の通知	1993	和光小学校・和光鶴川小学校『子どもと創る学びの世界』
高等学校設置基準一部改正（総合学科創設）		
	1994	今泉博『どの子も発言したくなる授業』
阪神淡路大震災	1995	※日教組、文部省との協調路線に転換。
中教審が答申で「生きる力」を提言	1996	「新しい歴史教科書をつくる会」結成
		金森俊朗・村井淳志『性の授業　死の授業』
文部省「教育改革プログラム」を作成	1997	
学校教育法施行規則一部改正（「飛び入学」を制度化）		
小・中学校学習指導要領改訂	1998	滝沢孝一『荒れたクラスからの脱出』
高等学校・盲・聾・養護学校学習指導要領改訂	1999	行田稔彦ほか編『和光鶴川小学校の計画と実践』（全3巻）
国旗及び国歌に関する法律公布		岡部恒治ほか編『分数ができない大学生』
		※学力低下論争始まる。
		田中耕治・西岡加名恵『総合学習とポートフォリオ評価法・入門編』
教育改革国民会議最終報告	2000	
指導要録改訂（目標準拠評価へ転換）	2001	渡部淳『教育における演劇的知』
米国同時多発テロ事件（9・11）		
完全学校週5日制が始まる	2002	久田敏彦編『新しい授業づくりの物語を織る』
「総合的な学習の時間」実施		陰山英男『本当の学力をつける本』
文部科学省が「心のノート」作成		
高等学校で新教科「情報」実施	2003	浦野東洋一編『土佐の教育改革』
学習指導要領一部改正（「確かな学力」の向上）		
	2004	
	2005	京都市立高倉小学校研究同人編『「確かな学力」と「豊かな心」を育てる学校』

■ 執筆者一覧

はじめに
田中耕治（たなか こうじ）　佛教大学教育学部客員教授、京都大学名誉教授

序章
田中耕治（たなか こうじ）　上掲

第 1 章
1. 樋口とみ子（ひぐち とみこ）　京都教育大学教職キャリア高度化センター教授
2. 窪田知子（くぼた ともこ）　滋賀大学教育学部教授
3. 樋口太郎（ひぐち たろう）　大阪経済大学経済学部准教授
4. 川地亜弥子（かわじ あやこ）　神戸大学大学院人間発達環境学研究科准教授
5. 伊藤実歩子（いとう みほこ）　立教大学文学部教授

第 2 章
1. 石井英真（いしい てるまさ）　京都大学大学院教育学研究科准教授
2. 西岡加名恵（にしおか かなえ）京都大学大学院教育学研究科教授
3. 森（柴本）枝美（もり えみ）　京都橘大学発達教育学部准教授
4. 二宮衆一（にのみや しゅういち）和歌山大学教育学部教授
5. 遠藤貴広（えんどう たかひろ）福井大学教育・人文社会系部門准教授
6. 田中耕治（たなか こうじ）　上掲

第 3 章
1. 八田幸恵（はった さちえ）　大阪教育大学教育学部准教授
2. 赤沢早人（あかざわ はやと）　奈良教育大学教育学部教授
3. 渡辺貴裕（わたなべ たかひろ）東京学芸大学大学院教育学研究科准教授
4. 若林身歌（わかばやし みか）　大阪公立大学国際基幹教育機構准教授

〈戦後教育実践史年表作成〉
本所 恵（ほんじょ めぐみ）　金沢大学人間社会研究域学校教育系准教授
徳永俊太（とくなが しゅんた）　京都教育大学大学院
連合教職実践研究科准教授
万野友紀（まんの ゆき）　特定非営利活動法人アクティブセンターうだ

（2024 年 1 月現在）

□ 編著者紹介

田中耕治（たなか こうじ）
1952年生　佛教大学教育学部客員教授、京都大学名誉教授　教育方法学・教育評価論

主な著書に、『教育評価』（岩波書店）、『人物で綴る戦後教育評価の歴史』［編著］（三学出版）、『総合学習とポートフォリオ評価法 入門編』［共著］、『新しい教育評価の理論と方法』Ⅰ・Ⅱ［編著］、『学力と評価の“今”を読みとく』、『新しい学力テストを読み解く』［編著］、『時代を拓いた教師たち』Ⅰ・Ⅱ［編著］、『実践を語る』［編著］、『新しい「評価のあり方」を拓く』、『グローバル化時代の教育評価改革』［編著］（以上、日本標準）、『教育評価の未来を拓く』［編著］、『戦後日本教育方法論史』上・下［編著］（以上、ミネルヴァ書房）、『新しい時代の教育評価〈改訂版〉』［共著］（有斐閣）など。

時代を拓いた教師たち
戦後教育実践からのメッセージ

2005 年 9 月 15 日 初版第 1 刷発行
2024 年 2 月 10 日 初版第 14 刷発行

編著者：田中耕治
発行者：河野晋三
発行所：株式会社 日本標準
〒 350-1221　埼玉県日高市下大谷沢 91-5
Tel : 04-2935-4671　Fax : 050-3737-8750
URL : https://www.nipponhyojun.co.jp/
デザイン・制作：佐々木ゆみ
印刷・製本：株式会社 リーブルテック

ISBN 978-4-8208-0256-3　C 3037

Printed in Japan

田中耕治　編著
時代を拓いた教師たちⅡ
実践から教育を問い直す
四六判／248頁／定価2200円（本体2000円＋税10％）

前書の出版後、要望の多かった17人の実践者を紹介。今泉博、鳥山敏子、鈴木正気、小西健二郎、松崎運之助……子どもたちが心待ちにする授業とは？そのすべてがわかる。

川地亜弥子・田中耕治　編著
時代を拓いた教師たちⅢ
実践記録で紡ぐ戦前教育実践への扉
四六判／248頁／定価2420円（本体2200円＋税10％）

戦前に教科の本質を追求し、学校の変革、教育機会の拡大、ひいては社会の改革をもめざした16人の教育界の改革者たち。その実践の特徴的な場面を引用しつつ、社会的背景もふまえ解説を加えた、待望のシリーズ最新刊。

田中耕治　編著
グローバル化時代の教育評価改革
―日本・アジア・欧米を結ぶ―
A5判／298頁／定価4400円（本体4000円＋税10％）

国際的なコンピテンシー・ベースのカリキュラム改革の課題を、アメリカ、イギリス、イタリア、オーストラリア、韓国、中国、ドイツ、フランス等を取り上げ、教育評価研究の視点から明らかにする。

田中耕治　著
教育評価研究の回顧と展望
A5判／104頁／定価1540円（本体1400円＋税10％）

著者の京都大学での最終講義を収録。「到達度評価」との出会いから「真正の評価」論に至るまでの研究のあゆみを明らかにする。日本における教育評価研究の発展を理解するうえで、必読の一冊。